NOTE BOOK

192sheets

size 46

sheets 192

東大生が選んだ勉強法

「私だけのやり方」を教えます

東大家庭教師友の会 編著

普通横罫 A

7mm×30行

PHP

はじめに

日本にある大学の最高峰、東京大学。日々勉強をし続け、晴れてこの大学への入学を勝ち取った東大生たちは、いわば〝勉強〟における成功者である。

そんな〝勉強の達人〟たちは、どのようなやり方で勉強をし続けてきたのか。現役の東大生約8000人が登録する〝東大家庭教師友の会〟の学生たちに、そのコツを聞いてみた。すると、各人それぞれがバラエティに富んだ、いたって興味深い勉強法を実践していたことがわかった。

ある学生は五感をフル活用させる独自のやり方で暗記をし、またある学生はノートを使わず単なる白紙に授業内容を書き留める。テレビのCM時間を利用して細切れに勉強し、勉強に煮詰まったら全力でピアノを弾く……。彼らが実践した数々の勉強法は、正攻法もあれば裏ワザともいいたくなるようなやり方もあり、実にさまざまだ。

しかし、それぞれ異なった勉強法ながら、どれも不思議と理に適ったやり方という点で共通している。単なる一学生が編み出したとは思えないほど、見事に完成された勉強法ぞろいなのである。考えてみれば、複数の受験科目をバランスよく勉強し、知識を確実に頭の中におさめていくことで、受験の最難関を突破した学生たちが実際に行ったやり方なのだから、完成度の高い〝秘法〟ばかりなのも当然だろう。

勉強というのは、ただやみくもに机に向かったからといって、確実に成果が表れるというものではない。費やした時間がまったくの無駄になってしまうこともあれば、倍の価値になって返ってくることもある。つまりは、やり方次第というわけである。そして、彼らが教えてくれた数々の勉強法は、〝勉強の成功者〟たる東大生が実際に行ってきたものだけに、効果がかなり期待できるやり方と考えていいはずだ。

本書では、現役東大生たちが実践してきたそんな〝勉強のコツ〟を「記憶術」「ノート術」「本の読み方」「時間の使い方」「続ける技術」の5つに分け、紹介してみた。自分に合った効果的な勉強法がわからずに悩んでいる人や、勉強の成果がなかなか上がらない人、そして勉強自体が好きではなく日々苦労している人にとって、この本が画期的な指南書になれば幸いだ。

東大家庭教師友の会

東大生が選んだ勉強法 目次

第3章　東大生の本の読み方

第4章　東大生の時間の使い方

第5章　東大生の続ける技術

第1章　東大生の記憶術

「覚えた」と思ったらすぐにポイッ

覚えた本は捨てて記憶する

山野麻美（仮名）・教養学部3年

参考書というのはそれなりに分厚いのでかさばるし、意外と重いもの。そのため、〝いつも携帯し、どこででも読む〟などというわけにはいかない。

しかし、参考書を大胆にもバラバラに切り分け、持ち歩いていたという強者がいる。山野麻美（仮名）さんだ。

「荷物が重いのは、嫌いだった。でも、参考書は持ち歩いて、いつでもどこでも見られるようにしたかったんです」

と語る彼女は、**参考書や教科書を切り分け、10ページぐらいの束にしていた**という。このとき、ハサミやカッターなどを用いて丁寧に切るのではなく、手で適当にベリッと裂き、ホチキスでまとめることもしなかったというから興味深い。

「カッターなどできれいに切ろうとすると、それだけで大変な手間です。対して、時間も手間もさほどかからないこのやり方なら、気軽にできる。もちろんページの端はボロボロだし、ホチキス留めもしなかったのでバラバラの状態（笑）。でも、こんなゴミに近い紙切れだからこそ、いらなくなったときには、思い切りよく捨てられたので良かった」

とのこと。このボロボロでバラバラの紙束を、彼女は使い捨てにしていたようだ。

「覚えてしまったら、すぐにポイッ。テストなどが終わったり、何度か見て〝これは完璧に理解できたな〟と思ったら、すぐに捨てていました。完璧に理解できたのなら、必要ないでしょ（笑）」。

理解できたと思ったら、すぐに捨てる。捨ててしまったら、あとは自分の頭の中にある知識のみが頼り。この潔さが、記憶する上での秘訣なのかもしれない。実際、彼女の次の言葉からも、それがうかがえた。

「10ページぐらいのこの束は、いつも持ち歩いていて、電車の中やちょっとした空き時間に目を通すようにしていた。そして3～4回見たら捨てるパターンが多かったかな。捨てちゃったら、あとで〝アレは何だったっけ？〟となったときも、がんばって思い出すしかない。そのため、完全に覚えきるよう、真剣に勉強していましたね」。

五感をフル活用するのが決め手

大声を出しながら部屋中グルグル回って記憶する

本橋寛生(仮名)・文科1類1年

「暗記ものは音読するのが一番」と主張するのが、本橋寛生（仮名）さん。

「目で読んだだけでは、絶対に覚えられるものじゃない。目からだけでなく、耳、口を使って頭に入れないと。実際、僕の今までの経験から考えても、**繰り返し何度も音に出す方が、記憶の定着率は断トツに上がります**」

と語る本橋さんは、次のようなやり方で音読し、記憶ものをこなしていたという。

「まず初めは、ざっと音読します。もちろん家で行うのですが、声の大きさはなるべく大きめに。普通のしゃべり声ぐらいまでは、出すようにした方がいい。そして2回目は、目をつぶって音読。今度は、一度その部分を離れて違うページに行き、その後再び先ほどの箇所に戻り、目をつぶってまた音読。目をつぶっていても、口からスラスラと出てくるようになったら合格ですね。出てこないようなら、何度でも繰り返す。暗記に関していうなら、反復することが何より重要ですから」。

翌日に再度音読し、軽く復習するとさらに効果が上がるという。

また、音読で覚える際のポイントとして……

「**音読を始める前に、その内容を理解しておく。**いざ、音読となったら、とにかく〝この文章はこういうものだ〟として、深く考えずにそのまま覚えるためです」

と、本橋さん。覚えるときには覚えることのみに集中する、といったところか。

歩き回って音読を

さらに、音読する際のポイントをもうひとつ。「**机の前に座って行うのは絶対に避けるべし**」と、本橋さんはいう。

「座って読むだけでは、気が滅入っちゃいますから。机の前という固定された状況にずっといることに、飽きてしまうんですよ。なので、音読は歩き回って行っていた。これなら動きが伴うので、五感をフルに使っている感じがしてよかった。当時は部屋の中をグルグル回りながら、暗記していましたね」。

線も引かず、書き込みも一切なし

一冊の本をひたすら読んで記憶する

内田成美・文科3類2年

書店などでは現在、かなりの種類の参考書が売られているが、これらには目もくれず、教材は教科書一本で勉強していたというのが内田成美さんだ。

「大事なことはすべて、教科書に載っています。**これをすべて頭の中に入れられるなら参考書はいらないと思い、**参考書の類はほとんど使いませんでしたね」

と語る内田さんだが、驚くことに、彼女の教科書は何の書き込みもない、素晴らしくきれいなままの状態。教科書一本で勉強していたのなら、下線が引いてあったり、丸で囲んであったり、あるいはチェックの印が付いていたり、書き込みがしてあったりと、それなりに汚くなっているのでは、と思うところだが、それがまったくない。この事実に対し、彼女は……

「教科書に書いてあることは、すべて大事なこと。なので、ある部分にだけ下線を引き、そこだけ覚えるというのは間違っているな、と思って。線を引いたり、丸で囲んだりすると、〝ここだけ覚えればあとは適当でいいや〟なんて気分になっちゃいますし」

という。さらに付け加えたことが、興味深い。それは、次の通りだ。

「そもそも、教科書がごちゃごちゃしちゃうのがイヤなんです。私にとって教科書を読むのは、本を読むのと同じ感覚。読書するときには、本がきれいな方が読みやすいでしょう」。

彼女は、教科書を〝本を読む感覚〟で読み、流れを記憶していたというのだ。きれいなままの教科書を、読書を楽しむかのように読んで記憶……これは、具体的にはどのようにするのだろうか。

効果の高い教科書速読勉強術

もともと本を読むことが好きだった、という内田さん。その感覚で、教科書も繰り返し読んで、記憶していたのだという。

「何度も繰り返し読み、流れを頭の中に入れていました。読むときには、ペンなども持たずに、本を読むのと同じような感じで。特に手で書いたりしなくても、何度も繰り返し読んでいくだけで、内容が頭の中に入ってくるものですよ」

という内田さんだが、このやり方のコツとして、次のようにも語ってくれた。

「全部を丸記憶しようというのではなく、全体の流れをつかみ、出てくる用語が全部理解できていればよし、という意識でやっていました。難しくてわかりにくかったところは、立ち止まって調べる。そして、日を改めて再開するときには、前回立ち止まったところに少し戻り、そこから読んでいくようにしていました」。

また、読み込む際には〝速読〟が基本。これについては……、

「時間を短縮するために、なるべく速いスピードで読んでいました。速く読むと、それだけ多くの内容に目を通せますから。それと、テストに向けての訓練、といった意味合いもある。例えば英文などの場合、実際のテストでは、あまり時間がないなかで長文を読み解かなくてはならない。そのために、日頃から速く読んで理解できるように、と頑張っていました」

と語る。

そして〝速読〟は、何度も読み込むうちに、自然とできるようになるのだという。

教科書には何も書き込まずきれいな状態のまま

「初めはゆっくり読み、理解していく。その後、何度も読んでいくと、用語の意味や人名などが頭の中に入ってくる。すると、回を重ねるごとに、速く読めるようになってきます。最終的には、内容がほぼ頭の中に入っているので、サーッと流して読めるようになる。何度も読んで完璧に理解すれば、その文章をザッと流し見するだけで、不思議と目から頭の中へと内容がスムーズに入ってくるような感覚になるんです」。

CM時間を利用する！

テレビを見ながら記憶する

長谷川学(仮名)・文科1類1年

「暗記ものはこま切れの時間単位でできるもの」として、何とテレビのCM時間を利用して記憶をしているのが、長谷川学（仮名）さんだ。

「テレビのCMの間にボーッとしているよりは、ひとつでも多くのことを覚えた方がいいでしょう。多くのことは無理でも、一つ二つの事柄なら十分記憶できますよ」

と語るが、そんな落ち着かない環境下での記憶には、当然コツがある。

「CM中に記憶するなら、〝この時間内に何がなんでも5コの単語を〟と意気込むのではなく、**あくまでも余裕を持ってやる方がいい。**〝覚えられれば儲けものだな〟ぐらいの気持ちで記憶するようにすると、かえって頭に入ってくるものです。もちろん、テレビの続きが気になるなら、そのときは敢えてしなくてもいい。その程度の軽いノリでやっていく方が、結果的には効果が上がるはずです」。

1回書くより、3回読む！

長い文章を丸ごとすべて記憶する

水野香澄・文学部3年

参考書の内容などを記憶しなければならないときに、よく使われる手法は「要点となる用語をピックアップし、紙やノートに書き出して覚える」といったもの。覚えられなければ、何度も繰り返し紙に書き、頭に叩き込むというわけだ。

これはこれでもちろん、それなりの大きな効果が得られるものだ。しかし、水野香澄さんは、この手法とはまったく逆のやり方で勉強し続け、難なく暗記ものをこなしていたようだ。

「記憶したいところを、とにかく繰り返し読む。ひたすら読んで覚えていく。それも、文章を丸ごと覚えるようにしていました」

というのが水野さんの勉強法。例えば歴史のケースでいうなら、ある歴史的事件の記述文を、まずはよく調べて把握する。このとき大事なのは、その記述文を完璧に理解し、わからないところや疑問点がまったくない状態にすること。あとはこの記述文を何度も何度も黙読し、出てくる人の名前や年号、周辺の事情、流れなどを記憶するというわけだ。

「同じ労力なら〝書く〟のではなく、〝何十回となく繰り返し読む〟ことに費やす方が、私には合っていたみたいです」

と、水野さん。紙に1回書くより、3回読んで記憶する方がいい、というわけだ。

「ある情報を記憶しようというとき、その情報に〝みっちりと深く1回〟触れるより〝浅く何回も〟触れた方が、絶対に覚えやすいはずですし」

という彼女の言には正に納得、といったところだ。

ちなみに、この手法は繰り返し読むことがポイントとなるため、教材は同じものを使い続けた方が効果的という。1度読んだら2～3日置いて再度読む、というペースにする。

また、重要な用語には色ペンで線を引き、そこを意識しながら読むようにすると、その重要語がより印象強く頭に入ってきやすいので、試験対策には有効とか。そして、何度か読んだあとで、まだ「あれ?」と止まってしまう箇所や、覚えていなかった単語にはチェック印を付け、読む回数を重ねるごとに、チェックの付いたところだけを重点的に見直すようにしていたそうだ。

このやり方が〝書いて記憶する〟手法と比べて優れているのは、**場所を問わずどこででもできる点にある**。実際、彼女も電車での通学時間をこの〝読んで記憶する〟勉強にあて、自宅の机では数式を解くなど、机前でしかできないことをしていたという。

長文を丸ごと記憶することこそが有効な試験対策

水野さん流の勉強法でもう一つ特徴的なのが、「文章を丸ごと記憶するようにした」点だ。

「文章を丸ごと記憶すると、いくつもの用語を一気に覚えられて、お得な感じがしますから（笑）。それに、試験中などで記憶した用語を思い出す際、覚えた文章の中にあった違う用語も連鎖的に思い出せるのが何より良い点です」。

この〝用語が連鎖的に思い出せる〟というのは、試験においてかなり大きな強みになる、と彼女は言う。これは、どういうことか。英語を例に、解説してみよう。

ある単語が英文に出てくるとき、合わせて必ず出てくる〝同じ仲間の単語〟というのが必ずある。例えば「需要」を表す「demand」という単語が出てくるとき、同じ英文内に、かなりの確率で対となる「supply（供給）」も出現する。この〝同じ仲間の単語〟を、あらかじめ英文単位でまとめて覚えてしまえれば、試験の際に、その英文に出てくる単語が次から次へと頭の中に浮かんでくる……。

「ある英単語が出てくるとき、大体どの英文を見ても似たような内容の流れになっていたりするものです。特に試験問題においては。ごく簡単な例でいうと、〝手紙〟という単語が英文に出てくるときは、同じ仲間の〝書く〟〝返事〟〝ポスト〟も出現するといった具合。それなら、英文を丸ごと頭の中に入れ、同じ仲間の単語をひとくくりに覚えてしまえば、試験の際にもすぐに思い出せて、効率もいいはずです」

というのが、水野さんの考え方だ。もちろん、これは英語に限った話ではない。例えば歴史という教科で考えると、あの皇帝の名が出てきたら、この国とこの国、この条約、あの事件が付いてくる。それらをひとくくりの仲間とし、文章で覚えてしまおうというわけだ。こうして考えると、「文章丸ごと記憶」というのは、あらゆる分野の勉強において有効な手法といえそうだ。

作るのも簡単なら、記憶するのもスムーズ

赤シートを使って楽しく記憶する

佐藤礼奈（仮名）・工学部３年

学生の定番アイテムともいえる赤シート。専用の緑色マーカーが塗られた箇所や、赤ペンで書かれた文字が、この赤シートを使うことで隠れるというスグレものだ。この赤シートの熱烈な愛用者というのは多く、佐藤礼奈（仮名）さんもそのひとりである。

「赤シートを載せると文字が見えなくなるという遊び感覚が、何か楽しいんです（笑）。実際に使ってみても、かなり役に立つアイテムですし。**自分の覚えたいところを隠せるという点が、暗記ものには向いている気がします。**それに、覚えたいところだけをピンポイントで隠せるというのも、無駄がなくていいですね」

と、赤シートを絶賛する佐藤さん。彼女いわく、蛍光マーカーを使ったり、色ペンで下線を引っぱって覚えるのはＮＧという。

「そのやり方だと、覚えたような気になっているだけで、全然覚えていなかったりする。

記憶したいところを、ただ重点的に見ているだけでは、やはりダメですね。隠してみてもちゃんと頭に浮かぶか、実際に自分で試すところまでしないと」

というのが彼女の考えだ。

では、おすすめの赤シートを、彼女は具体的にどのように使っていたのだろう。

「先生の講義や板書をノートに書き留める際、ポイントとなる用語や文章を、赤ペンで書きます。こうしておいて、見直す際には赤シートを使い、授業ノートをそのまま即席の問題集として活用するんです」。

この〝即席問題集〟を、何度も自分に問題を出すかのように、赤シートを使って勉強していたという。

「最初はザッとひと通り読んでみる。次に赤シートを使い、覚えられなかったところには×印を付けながら、2回ほど見直す。連続で3回も目を通すと、少なくともその時点ではほぼ覚えられるもの。あとは、通学電車の中などで、×印が付いているところを軽く見ておけばバッチリ。もちろん、赤シート片手に、ですね」。

記憶すべきところではなくすでに覚えた箇所に!?

マーカーを3回塗って記憶する

石原みどり・文学部4年

重要箇所にマーカーを引いて頭の中に叩き込むというのは、割とポピュラーな勉強法といえるだろう。しかし、このマーカーを引くところが〝完全に記憶できた箇所〟となると、ちょっと珍しい。石原みどりさんは、このやり方で暗記ものをこなしてきたという。

「教科書や参考書、英単語帳を見て、**すでに記憶できたものにはマーカーを塗っていました。**こうすると、自分がどれだけの分量を覚えたかがはっきりとわかるので、達成感が得られた。色違いのマーカーが3回塗られたら、完璧に覚えたということで終了、と自分で決めていたんですが、使い込むほどにカラフルになっていくのは楽しいものですよ。〝こんなにたくさん覚えたんだ!〟と、気分が高揚しますし、励みにもなる」

と、石原さん。具体的なやり方としては、教科書や参考書の太字になっている部分や英単語帳の単語などを、まず1回目はサッと流すように見ながら、覚えているかどうかを確認。すぐに頭に浮かんでくるようなら合格ということで、その部分にマーカーを引く。その後、先ほどとは違う色のマーカーを片手にまた同じことを行う。これを繰り返していくのだが、違う色のマーカーが3度重ね塗りされた部分は、「完璧に覚えた」ということで、以降はチェックしなくても良し。すべての箇所が3色のマーカーでカラフルに色付けされたら完了、となるわけだ。

「マーカー部分が徐々に増えていくごとに、重ね塗りされていないところや、まったく塗られていない箇所を重点的にやるようにしていました。まるで、**マーカーが弱点を浮き彫りにしてくれているようでしたね**」

と語る石原さん。

そして、最後にもう一度おさらいをすることも忘れずに、と付け足した。

「すべての部分にマーカーで重ね塗りされ、その参考書に関しては完了となっても、その後1週間ほど置いてから、念のためもう一度確認するようにしました。ここまですると、ほぼ完璧に記憶できますね」。

これ以上記憶する必要の無い教材を選ぶ

単語帳に載っている要素のみで勝負

安藤守（仮名）・経済学部３年

英語の単語帳は、どのように使うのが効果的か。恐らく、暗記用としてひたすら覚えるためのみに用いているという人が主流だろう。しかし、安藤守（仮名）さんの単語帳の使い方は、大多数の人の例とは異なり、なかなか秀逸だ。彼は、単語帳を辞書代わりに使いつつ、ついでに記憶するといった使い方をしていたようだ。

「標準レベルの単語帳には、受験をする上で最低限覚えなきゃいけない単語と意味のみが載っています。これを辞書代わりに使うと、無駄な単語や意味が頭に入ってこないので効率的なんです」

と、安藤さんはいう。例えば、英語の長文を読んでいて、わからない単語が出てきたとする。このとき、**彼は辞書ではなく単語帳を引き、意味を調べていた**というのだ。

「辞書の場合、一般的な英文や、試験で出る程度の英文では絶対に使わないような余計な意味まで載っていますよね。でも、そこまでの意味を知る必要はないでしょう。単語帳に載っているレベルの意味だけを知っていればいい。同様に、単語帳に載っていない単語も、少なくとも受験期の勉強においては、知らなくてもいいこと。そんな単語を、わざわざ調べて目を通すのは、意味がないと思ったんです。だから、わからない単語はすべて単語帳に載っている範囲だけで調べていました」。

このやり方に沿うなら、わからなくて調べた単語が単語帳に載ってなくて困った、という事態も当然出てくるはずだ。しかし、これを逆手にとり、次のように対処することで、彼は英語力を高めていたという。

「調べがつかなかったら、その単語の意味がわからない状態のままで、本文を理解するようにしていました。もともとその単語帳に載っている単語以外は覚えない、と割り切っていたので、試験の際にも同じようなことになるわけでしょう。そのための訓練といったところです」

とのこと。つまりは、単語帳に載っている単語とその意味だけを完璧に覚え、それのみで勝負するというのが彼の一貫したやり方というわけだ。

「辞書とは違い、単語帳に載っている単語はごく限られたものだけ。徹底して、これらの単語だけを相手にしていたのだから、気持ちの上でも楽でしたよ」

と安藤さんは語る。

苦労することなく単語帳の中身を覚えるコツ

単語帳に書かれた単語のみで勝負をかける、と決めていた安藤さんだが、これを完璧に記憶するのに、次のような方法を用いていたという。

「英文を読み、わからない単語が出てきたら、単語帳で調べる。その際に、調べた単語にチェック印を付けるんです。**〝記憶していなかった単語〟ということで、チェックを入れつつ、改めて暗記する。**そして同時に、同じページ内でチェック印が付いている単語にも目を通し、ついでに記憶をしていく。これを繰り返すんです」。

自分が調べた単語と、ページ内にあるチェック付き単語だけを、その都度記憶すればいいのだから、さほど苦労することなく覚えることができたという。

こうして見てみると、このやり方は、何も英単語帳に限った話にとどまらない。あらゆる分野の用語集にも応用できる、有効な活用法といえるのではないだろうか。

読んで記憶 VS. 書いて記憶

多くの東大生に「記憶術」について実際に話を聞いてみたところ、〝ただひたすら読んで記憶〟するタイプと、〝手で書いて記憶〟するタイプの大きく二つに分かれた。

前者は、参考書の記述やノート内容をひたすら読んで覚えていくというやり方。手を使うのはせいぜい、重要箇所にペンでラインを引くぐらい。そして特徴的なのが、こちらの手法を使う人のほとんどが、内容を丸ごと流れで覚えようとしている点だ。ちょうど、物語のあらすじをすべて頭の中に叩き込むように、参考書などの記述内容をすべて理解し、根本から記憶しようとしているわけだ。さらに聞いてみると、こちらのタイプは本好きが多いという点も非常に興味深い。

対して後者は、ポイントを抜き出し、そのキーワードをひたすら体で覚えようとしているようだ。実際、後者のやり方を語った人の多くが「紙に何十回となく書いて覚える」というやり方をすすめている。そして、皆一様に「その方が確実に覚えられるし、効率的ですから」と口をそろえる。

ちなみに、両者のやり方を合わせた〝五感活用〟型も、少なからず存在する。やり方は、参考書などの内容をまず、音読。そうすることで、耳に入ってくる音と、実際に発声する口の動きで覚えていこうというのだが、特に重要な語はさらに手で何度も書いて覚える。つまり、五感をフル活用するというわけだ。

ここまでやれば、誰でも完璧に覚えられること間違いなし、といえそうだ。

結論：「読んで記憶」は、本好きで物語が頭に残るタイプ向き。「書いて記憶」は、効率重視でそのための労力なら厭《いと》わないタイプ向き。そして、「五感活用記憶」は、万人向きの最終手段。

寝る前にただ聞くだけで覚える⁉

眠りながら記憶する方法

藤田智泰（仮名）・文科2類1年

英語の勉強において、多くの東大生が口をそろえるのは「英語は英文をそのまま理解し、覚えていくべき」ということ。英単語を細々《こまごま》と調べ上げ、英文を文法に沿って解体して和訳し、一つひとつの単語を記憶して……などというやり方は、NGというわけだ。実際、英語の長文をスラスラと読み解くには、英文全体を見るだけで意味がわかるようになっている必要がある。そのためにも「英文のまま理解し、覚える」ことが重要というわけだ。

このページで登場する藤田智泰（仮名）さんも、もちろんそんな「英文をそのまま理解」派のひとり。

「特に重要な英文は、全文をそのまま記憶していましたね。その方が、文の構成やお決まりの熟語などもひっくるめて、全部覚えられますから」

という藤田さんだが、興味深いのがそのやり方だ。

「重要英文は、寝る直前に耳で聞いて覚えていました。眠くなったら、英文リスニングの用意をし、聞きながら寝るというのを日課にしていた。眠いながらも、毎日毎日何度も聞いていれば、自然と頭に入ってくるものですよ」。

気合いを入れて集中しなくても、この手法で回数を重ねれば十分記憶できるとのことだが、具体的には次のようにしていたという。

「就寝前に聞く英文は、完全に理解しているものを選んでいました。これなら、新たに頭を使う必要がない。既に理解している重要英文20コぐらいを、毎日30分かけて聞く。同じ英文を2カ月ぐらいかけて、毎日繰り返し耳に入れるわけです。すると、英文全体の音の流れが覚えられる。〝記憶しなくては〟などと意識せず、本当にただ聞いているだけという状態でいるのがコツです。まあ、もともと眠いなかでリスニングをしているのですから、ただ聞いているだけしかできませんけどね（笑）」。

多少の日数がかかるとはいえ、寝る前にただ聞いているだけで頭に入るこの手法、英文記憶に苦労している向きにはぜひおすすめしたい。

いつでも目につく場所を活用すれば効果倍増

ノートの表紙にヒントを書いて記憶する

高柳健人・工学部4年

人によってさまざまなノートの使い方があるが、高柳健人さんの手法はなかなか珍しい。彼は、ノートの表紙をフルに活用しているというのだ。

「例えば、数学の問題集を解く際に使っていたノートの表紙に、ヒントを書くようにしていました。どういうことかというと、数学の問題を解いてみて、わからなかったとします。その後、解答を見たり先生に聞いたりして、解法のパターンをつかむ。このときに、解法のヒントとなるポイントをノートの表紙に書き写す。解く際の糸口となるようなヒントを簡潔にまとめ、ササーッとメモ書きするんです」

ということのようだが、書かれたヒントは次のような形で活用されるという。

「日を改めて同じ問題を解いてみたときに、スムーズに解ければ合格。まだわからなかったら、表紙に書かれたヒントを見てみる。これで解ければ〝あと一歩で完璧にマスターできる問題〟、ヒントを見ても解けないものは〝まだ徹底して勉強する必要のある問題〟と、各問題を自分の理解度に合わせて分けることができる。つまり、自分の不得意な分野が明らかになってくるというわけです。また、表紙に書かれたヒントだけを見て、問題とその解き方を頭の中で復習する、なんてことも、ちょっとした空き時間にできるのが、何より良かった点ですね」。

表紙をチラ見するだけで、知らず知らずのうちに頭に入ってくる

ノートの表紙を活用するこの手法は、数学の問題集用ノート以外でも、もちろん有効だったそう。各教科で絶対に覚えたい用語や、理解しにくかった箇所、あるいは苦手な内容をノートの表紙にメモ書きし、ふとした折に何となく眺める、といった具合に活用していたという。

「表紙に書かれた文字というのは、ノートを横に置いているだけで、何となく目に入ってきますよね。ページをめくる必要すらないので、チラッと目を向けて見てみる、といったことが気軽にできる。なので、ノートの表紙に重要用語などを書いておくと、知らず知ら

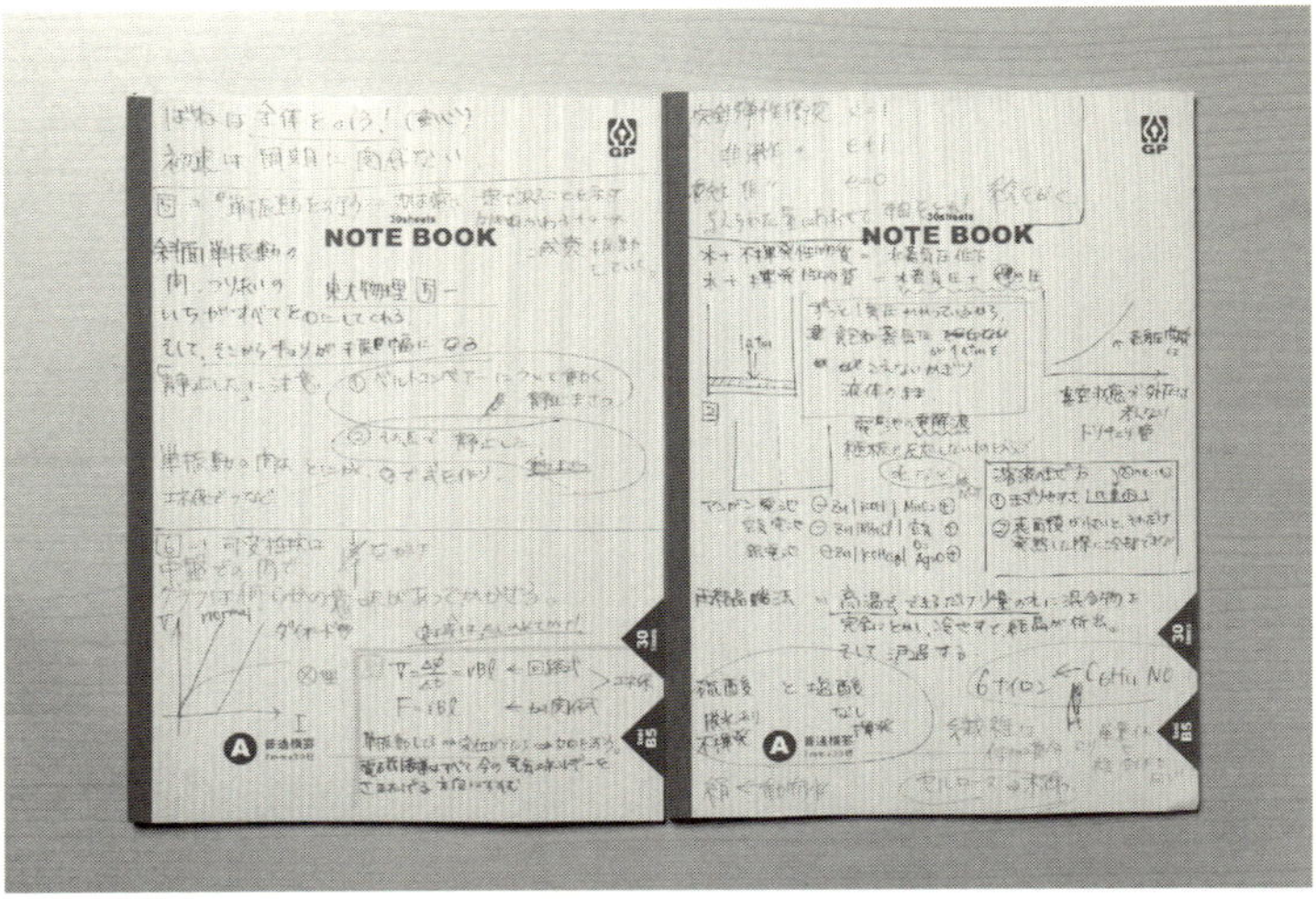

表紙にヒントを書くことで、勉強はスムーズになる

ずのうちに頭に入ってくるものです。それに、ノートの表紙はスペースが限られているため、たったこれだけの内容を覚えればいいんだ、と思えて気分的にもラクでした」

と、高柳さん。そして、表紙に書かれた重要メモは、ちょうどそのノートを使い終わる頃には、すべて頭の中に入っている状態というのを目標に、勉強を進めていったという。

ノートの表紙までをも武器にする現役東大生のこの手法は、あらゆる勉強に活用できそうである。

イメージ効果を利用して記憶する

遊び感覚で作った図面が試験のときにパッと浮かぶ

吉村康（仮名）・文科３類１年

ダラダラと連なる文章を覚えるのは、意外と難しいものだ。そのため、重要部分にマーカーを引いてみたり、文字を赤ペンで囲ってみたり、あるいは別のノートにまとめ直したりして、何とか記憶をしているというのが多くの人のやり方だろう。

しかし、吉村康（仮名）さんのやり方は、少々趣が異なる。**図を描いてそこにポイントを書き込み、覚えるようにしていたという。**

「例えば歴史の教科なら、大きめの紙にまず地図を描き、各国それぞれの場所に、同じ時期に起きたことを書き込むようにしていました。すると、ある国の事柄が試験に出たとき、この図が頭に浮かぶとともに、ほかの国で起こった事柄も連鎖的に思い出すことができる。ビジュアルが伴っていると、その図に関連して頭の中から引き出しやすいんですね。文章だけの暗記では、そうはいかないでしょう」

と語る吉村さんだが、**この図を作成するにあたっては、多くの友人の手を借りるようにしていたという。**

「友人に違う視点から知識を補ってもらうと、たくさんの情報が盛り込めていい。一人ひとりが完璧な知識を持っているわけではないので、できるだけ多くの人の手が加わるのが理想的です。何といっても、友人たちとワイワイやるのは楽しいし」。

確かに、一人で机に向かって黙々と勉強するより、大きな紙を前に、友人たちと冗談を飛ばしながら図にいろいろと書き込む作業の方が、はるかに楽しいだろう。それでより深い知識が得られるのだから、申し分ない。

「生物なら、例えば光合成を葉っぱの図に描いて、それに関係するいろいろな知識を書き込んでみたり。この手法には、やはり理科系の教科と歴史が最も合っていて、効果も高かったですね。まあ、それ以外の教科では、ちょっとやりづらいのかな」

という吉村さん。確かにこの勉強法は、すべての教科に通用する手法とは言い難いかもしれない。しかし、ビジュアルで覚えることによって頭の中から引き出しやすくなるという点や、友人と共同で一つの完成図を作ることによって勉強が楽しくなる点などは、あらゆる勉強に通じる大きなヒントになりそうである。

試験で解答できるのは書いて覚えたことのみ

１００回読むより1回書いて記憶する

浜中雅裕（仮名）・経済学部3年

教科書や参考書、あるいは単語帳などを記憶する際、浜中雅裕（仮名）さんは〝書いて覚える〟タイプという。そんな彼の言い分は、次の通りだ。

「参考書を１００回読んでも、実際に問題を解けるようにはならない、と僕は思います。それよりも書くべき。書いて覚えたことじゃないと、いざ試験となったとき〝あ、この前読んだ事柄だ〟と思い当たるだけで、それを解答することまではできない気がする。まあ、それでも歴史などは、ひとつの読み物として流れを頭の中に入れてしまえば、読む行為だけでもそれなりの点数はとれる。でも、たいていの教科はやはり、一度は手で書いて覚えないと、実践には役立ちません」。

そして、**ノートをまとめ直すことなども、書いて覚えることにつながるのだから、たとえ面倒くさくても積極的にやるべき**、というのが彼の考え方ということである。

本を画像で丸ごと頭の中に

とにかくページのすべてを記憶する

土田真澄・経済学部4年

参考書はまったく使わず、教科書一本で勝負したという土田真澄さん。

「教科書一冊を丸ごと記憶すれば、すべて事足りると思ってましたので。それに、ほかの参考書や問題集も手がけてすべてが中途半端になってしまうのなら、とにかく教科書を完璧に覚えた方が得策でしょう」

との考え方のようだ。ちょうど14ページの内田成美さんと同様の考えだが、その具体的な手法は大きく異なる。

「教科書で重要な用語が出てきたら、その用語周辺の余白に簡単な説明文や、人名なら年代を書き込んでいました。**ページをめくって同じ重要用語が出てきても、何度も同じことを書いていくんです。**ページが進み、その用語に関する新たな事柄が出てきたら、さかのぼってそれも書き足していく。これを繰り返すことで、重要用語とその意味が自然と覚えられましたね」

というのが、彼女のやり方だ。また、本来ならノートにまとめるような事柄も、彼女はすべて教科書に書き込んでいたという。

「教科書を開いたら内容がすべて完璧にわかる、というのを目標に、ずいぶん多くのことを書き込んでいました。もちろん、教科書に書き込むことで、手を動かして記憶する、という意味合いもありましたね。書き込んだあとは、教科書を開いてひたすら覚えていきました」。

書き込みを加えたあとは、とにかく教科書一冊を幾度となく読み返し、内容を記憶するようにしたという土田さん。実際に記憶する際のやり方は「書き込んだ内容を隠し、見ないでもスラスラ言えるかを、ページをめくるたびに試していた」とか。

ページのレイアウトが画像として記憶に

そして、教科書一冊を相手に勉強を続けていく内に、思いがけない効果が生み出されるようになったという。

「教科書の各ページの全体図が、ビジュアルとして頭に残るようになってきたんです。あのページは確かこんなレイアウトで、この事柄はあの右上辺りに載っていたな、といった風に。ページの画像イメージが、そのまま頭に焼きついている感じですね。そうなったおかげで、試験の際、教科書の内容を思い出すのが容易になりましたよ。例えば、ある時代の問題が出たときに、その時代というのがヒントになってページの全体図が頭に浮かぶ。同時に〝あのレイアウトの中のあそこに、こんなことが書いてあったな〟と、連鎖的に記憶が呼び起こされるんですね」。

手がけるものを教科書一冊にしぼり、何回も繰り返し見て覚えたことで、各ページが画像として記憶に残るまでになったというわけだ。

教科書というのは、すべての参考書のお手本ともいえるもの。そんな教科書の丸ごと一冊分が、ページ画像も込みですべて頭の中に入っているのだから、試験においてこれほど頼りになる記憶もないはずだ。

教科によって手法を変える

声に出して読んで記憶する

内田成美・文科３類２年

14ページにて、「教科書は速読して記憶」というやり方を紹介してくれた内田成美さんだが、この手法には、実は各教科ごとに秘訣があるという。例えば、英語の場合。

「**英文は、日本語に訳さずに英語のまま丸ごと理解し、速いスピードで読んでいくようにするのがコツです。**例えばごく簡単な英文なら誰でも、いちいち訳さなくても、英文を見ると同時に瞬間的に意味がわかりますよね。これと同様のことが、長文でもできるようにするわけです。それには、英語を読むときに、日本語の概念を混ぜない方が絶対にいい。日本語に変換しないのだから、当然、より速く読めるようになります。何度も英文を繰り返し読んでいると、英語のカンが備わってくるのか、〝和訳せずに英文を速読〟できるようになりますよ」

と、内田さん。一方、古文や漢文といった教科の場合は、次の通りだ。

「基本的には、音読していました。古文や漢文は、音読するとその独特のリズムが身につきますし、構造も頭に入ってきやすい。それに、**音読することで、文章全体が覚えられます**。すると当然、単語も自然と頭に入ってくる。やり方としては、初めに1回読んだ上で、わからない単語を徹底的に調べます。その後は、何度も何度も音読する。読んでいて〝あれ、この語の意味は？〟なんて止まってしまうようなら、まだダメ。読んだと同時にすぐ意味がわかるようになるまで、音読を繰り返すわけです」。

また、歴史系の教科については、少々苦労したという内田さん。

「歴史の場合、例えばイギリス、ロシア、フランスといった各国の同時期の歴史を、頭の中でつなげて覚えるのに苦労しました。教科書では、各国の歴史は国ごとに分かれて書かれている。これを、○○年代のイギリスはこう、一方ロシアではこんな事件が、フランスではこういう気運が……という風に、時代で区切って考えるのは、意外と難しい。文章を読むだけだと、どうしてもわかりづらいんです」

ということのようだ。そのため、歴史を勉強する際は、教科書以外に年表を補助資料として使っていたそう。

「年表で頭の中を整理しつつ、歴史の流れが頭に入るまで、繰り返し教科書を読む、といった具合ですね」
と、内田さんは語る。

読んで記憶できないときの最終手段

「繰り返し読んで記憶する」手法で勉強をこなしてきた内田さんだが、このやり方では歯が立たないケースも、もちろんあったという。

「何度読んでもどうしても覚えられない、というのは、単語単位ではありましたね。そんなときは、覚えられないその単語を紙に繰り返しなぐり書きして、頭に叩き込んでいました。一つの単語につき、50回ぐらいは書いたかな。それから私の場合、漢字が覚えられないこともよくあったのですが、漢字はパーツを意識しながら書くといい。〝上に刀がある〟とか〝この部分はあの漢字と同じか〟なんて、各パーツの特徴をよく見ながら紙に書くようにすると、スムーズに覚えられましたよ」。

繰り返し読み、覚えにくい用語は紙に何度も書き散らかして暗記。このやり方が、内田さん流の勉強法というわけである。

覚えにくい事柄はすべてイラスト化

インパクトで記憶に焼き付ける

岸谷千里（仮名）・文学部4年

記憶したいのに、なぜかどうしても頭に入ってこないことがある。用語や年代、人名、あるいは記述内容そのものでも、よほど自分の脳味噌と相性が合わないのか、まったく覚えられない。そんな困った事態になったら、岸谷千里（仮名）さんは絵を描いて頭に叩き込んでいたという。

「どうしても覚えづらいものは、別紙に簡単なイラストを描くようにしていました。絵にするのは、いわば最終手段ですね。例えば、歴史で何々皇帝が出した命令というのであれば、当時の服装っぽい衣服を着た皇帝が叫んでいる絵にふきだしを付け、命令内容を書く。あるいは理科の法則なら、ニュートンとリンゴが落下している図のような、その法則を生み出した背景をイラスト化する。自分の描いた絵なら、強く印象に残るので、試験のときにも思い浮かべやすいんですよ」

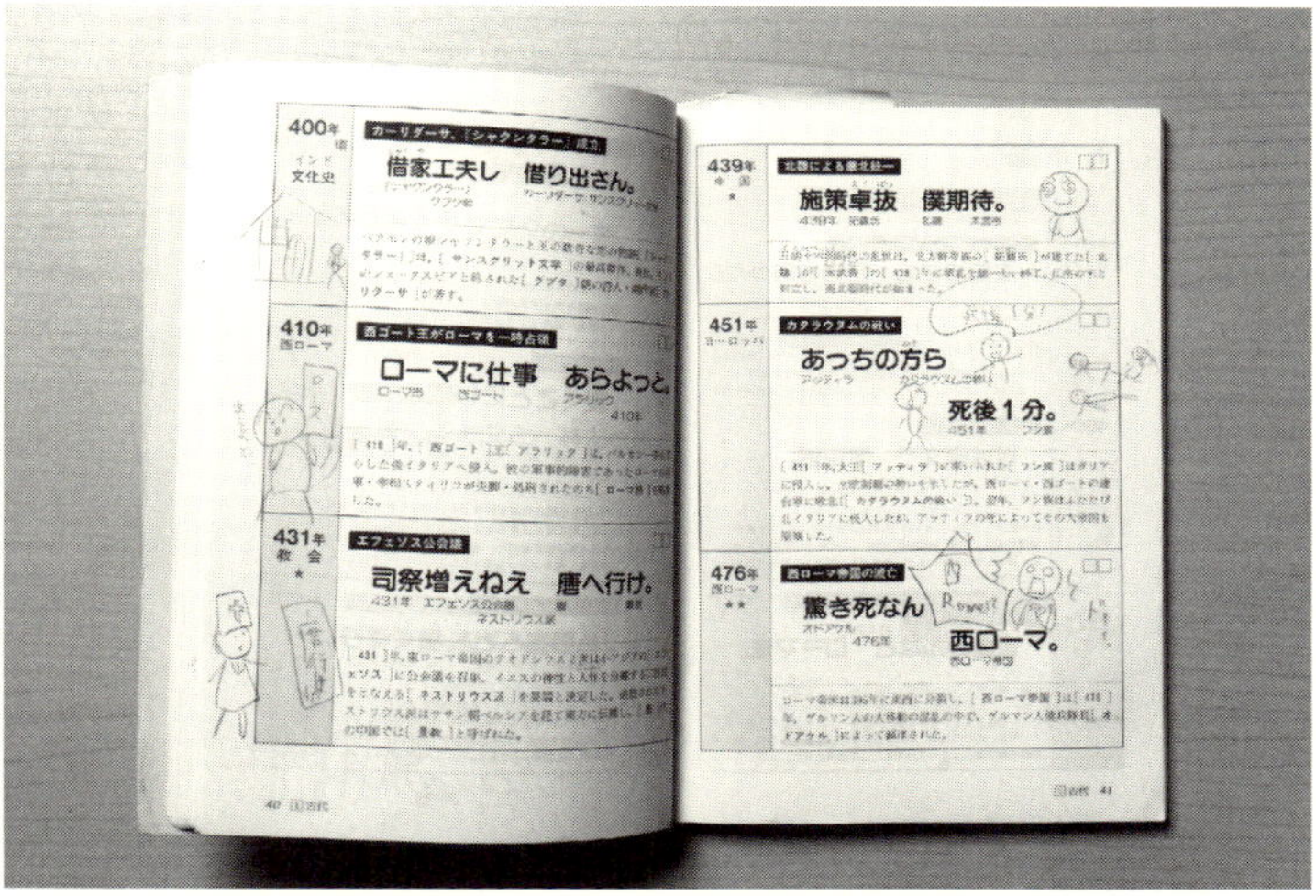

『世界史（年代・人名 重要事項）スーパー記憶法』（学生社）を使用していた

と、岸谷さん。イラストを描くことは、ちょっとした気分転換にもなったので、正に一石二鳥だったとか。

また、年代や「とうもろこし輸出国ランキング」といったデータの羅列は、語呂合わせにし、それを絵にして覚えたりもしていたようで、何だか楽しそうですらある。

用語は筆ペンを使って記憶

ビジュアルの記憶というのは、意外と侮れないものだ。文字情報よりも、絵などの視覚情報の方が、記憶に残りやすいのは、誰もが実感できるのではないだろうか。

そんな事実がよくわかっている岸谷さんの、次のような手法も興味深い。

「難しい漢字や、覚えにくい単語は、別紙に筆ペンで書いていました。それを眺めると、ビジュアルのインパクトのおかげか、すぐに頭に入ってきた。書道のように気合いを入れ、迫力ある字で、大きく書くのがコツです。壁に貼っておくと、自然と記憶に焼きつきましたね」

黒々とした筆文字は、確かに印象強い。インパクトある視覚情報で覚えていくという岸谷さんならではのこの手法、一度試してみて損はないだろう。

こんな「勉強法」も効果アリ！【記憶術編】

☆一日10単語を完璧に暗記するよりも、一日300単語を適当に　（3年・男性）

英単語などを覚える際、膨大な量の単語に一通り目を通す、という作業を何度も繰り返すようにした。一日数コの単語を少しずつ完璧に覚えていく方法では、あまり効率よく進まない。その上、最初に覚えた単語から、時間の経過と共にどんどん抜け落ちてしまったりもする。それよりも、毎日大量の単語を大雑把に覚え、それを繰り返す方が、定期的にどの単語にも接することができていい。一カ月に300の英単語を覚えるのなら、一日10単語ずつ完璧に暗記していくよりも、一日に300単語すべてを適当に暗記し、それを30日間続ける方が絶対に効果的である。

☆先に試験の申し込みをしてしまい、自分を追い詰めろ　（2年・男性）

〝この一冊を○月までに覚えたい〟と思ったとき、間に合うかどうかなど考えずに、先に模擬試験の申し込みをした。誰でも経験があると思うが、試験直前というのは、いつもの数倍量の内容が暗記できたりするもの。これを利用し、勉強を始める前からすでに数々の模試の予定を立ててしまい、土壇場の底力が発揮できるようにする。同様に、例えば「○日までにこの部分を覚えられなかったら、一カ月間風呂掃除をする」などと、半ばムチャな宣言をするのも効果的。人は追い詰められると、思わぬパワーが出るものなのである。

☆間違えたところは一日後と一週間後に見直す　（3年・女性）

問題集などで、間違えたところに日付を記しておいた。そして、必ず一日後と一週間後にもう一度見直すようにした。そうすると、スムーズに頭の中に入ってきやすかった。また、参考書を暗記する際には、まず初めは机の前できっちりと、その後は電車の中などの時間しか費やさないようにした。勉強はルールを決め、時間を上手に管理して進めることが大事だと思う。

第2章 東大生のノート術

作るのも暗記するのも簡単

オリジナル一問一答形式ノート

上田隆明（仮名）・教育学部2年

授業のノートを元に〝まとめノート〟を作っていたという東大生は多い。授業中は先生の話をノートに書き留めることだけに専念し、家に帰ってから改めて授業内容を別のノートに整理してまとめるというわけである。自分に最もわかりやすい形で整理されたまとめノートの存在が、勉強において強力な武器になることを、多くの東大生たちは実感しているのだ。上田隆明（仮名）さんも、そんな〝まとめノート〟派のひとり。

「授業中はとにかく、先生の話や板書をすべてノートに書き留めることだけに専念していました。それを元にまとめノートを作る。完成したまとめノートは、主に暗記用といった使い方をしていましたね」。

そんな彼のまとめノートは、一般的なそれとはちょっと趣が異なる。ノートのページを縦半分に線引きし、左側にはごくシンプルな問題文、対する右側にはその解答文。つまり、授業内容を一問一答形式でまとめているのだ。

「ただダラダラと書かれた文章を覚えるより、このやり方でまとめたノートを使う方が頭に入ってきやすい。左側の問題文を見て、的確にきちんと答えられるよう、自分で何度も試してみるんです」

と、上田さん。つまり、オリジナルの問題文と解答を作成し、これを何度も解いて暗記していくというわけだ。

「オリジナルの問題文と解答を作る際、なるべく多くの知識が解答に盛り込まれるような問題を作成するのがコツ。〝こんな問いにすれば、この知識もあの情報も入った解答になるな〟と考えながら問題文を作るようにしていましたね」

とのこと。そして、一つの解答に多くの知識を詰め込むようにしたのには、二つの理由があるという。

盛りだくさんの解答文で問題数を減らす

たくさんの知識が詰め込まれる解答となるような、そんな問題を作る理由のひとつは、単純明快。「そうすることで問題の数量が減る」というわけだ。一つの解答に目一杯の知識が詰め込まれるということは、当然、それに対応する問題の数が少なくてすむことになる。5つの事柄を「5つの問題&解答」とするのではなく、「1つの問題&5つの事柄が詰め込まれた1つの解答」とするのである。

「問題数が少ないと〝たったこれだけの問題が解けるようになればいいだけだ〟と、気持ちが軽くなる。まあ、詰め込まれている知識の量は同じなのだから、単なるイメージ上の効果なんですけどね（笑）」

と上田さんは語る。

無駄に頭を悩ませることなく問題文を作成

知識が盛りだくさんの解答にするもう一つの理由は、「問題と解答を作成する際、授業ノートの内容の中から何が要点なのか考えることなく、簡単に作ることができるから」。

確かにノートをまとめ直す際、キモとなる部分とあまり重要ではない部分を選別する作業は、かなり頭を悩ませるものだ。それだけ多くの時間も費やされる。彼のこのやり方なら、必要以上に労力がかかることはない。

とはいえ、これでは暗記する際に、必要なものとそうではないものが混在した内容と対峙しなければならなくなる。ノートをまとめるときは良くても、のちのち大変になってくるのでは、と心配になるところだが、上田さんいわく

「面白いもので、いざ覚えようとなったときには、ポイントが絞れてくるものなんです。**長い解答文を見ると〝これを全部は覚えたくないな〟と思ってしまう。すると、長い解答文の中から、要点となる箇所だけを自然と見分けてしまうようになります。**できるだけ暗記の苦労をしなくてもすむように、〝この問題は、要はココだけ覚えればいいだろう〟と自分の中で整理がつくんですね」

ということのようだ。

まとめノートの本当の効力

上田さんにとっても、また多くの東大生にとっても〝最強アイテム〟ともいえるまとめノートの効果のほどは、やはりなかなかのものと言えるだろう。これについて、上田さん

は次のように語った。

「一問一答式まとめノートは、実は毎回作っていたわけではありません。精神的に余裕があり、前向きな気分でいたときだけです。でも、このノートを作っていた時期は、成績も目に見えて上昇曲線でした。これはノート自体の力とは別に、まとめノートを作れるぐらいの心の余裕が、成績にもつながったと見るべきかもしれません。裏を返すと、常にまとめノートを作り続けられるような状態を保つことが、大事なんでしょうね」。

スピード感抜群講義の対策を伝授

略文字と記号を駆使する

杉山陽子（仮名）・文学部4年

機関銃のように次から次へと、まくしたてるように講義する先生というのは、生徒にとってはちょっと迷惑な存在だ。講義内容をノートに書き留めるとなると、ひと苦労。スピード感抜群の講義を聞きながら、上手にノートに書き留める術はないだろうか……と、そう思っている人には、杉山陽子（仮名）さんの手法をおすすめしたい。

彼女は用語類を巧みに省略して、先生の講義内容を書き留めていたという。

「用語を記号に置き換えたり、人名を頭文字の2文字に略したり。省略できそうな言葉はすべて、記号や短い語にしていましたね。〝ゆえに〟〝なぜなら〟なんて言葉は、数学の記号に置き換えたり。これで、書く手間がずいぶん軽減されました。ただし、略した言葉は、休み時間などを使ってすぐに書き換えておくのが大事。これをしないと、あとで見たときに、まったく意味がわからなくなってしまいますから」

苦手な部分を一冊にまとめる

小さな弱点ノートの大きな効果

梶元亮輔・教養学部2年

何度勉強しても、不思議となかなか頭に入ってこない事柄というのはないだろうか。込み入った内容だったり、流れが不明瞭だったり、あるいはほかの用語と混同しやすかったり、複雑な人名だったり……。そういった、自分の〝弱点〟を克服することに特化したノートを作成していたのが、梶元亮輔さんだ。

彼は弱点のみをすべて、Ｂ６判ぐらいの小さめのノートにメモし、それをテスト前などに見直すようにしていたという。

「字を読んだり書いたりするのが、あまり好きではないんです。なので、極力字を書きたくない。授業での先生の講義や教科書は読んで理解するようにし、頭に入ってこなかったことだけをノートに書き留めるようにすれば、そんなに字を書かなくてもすむので効率がいいでしょう（笑）」

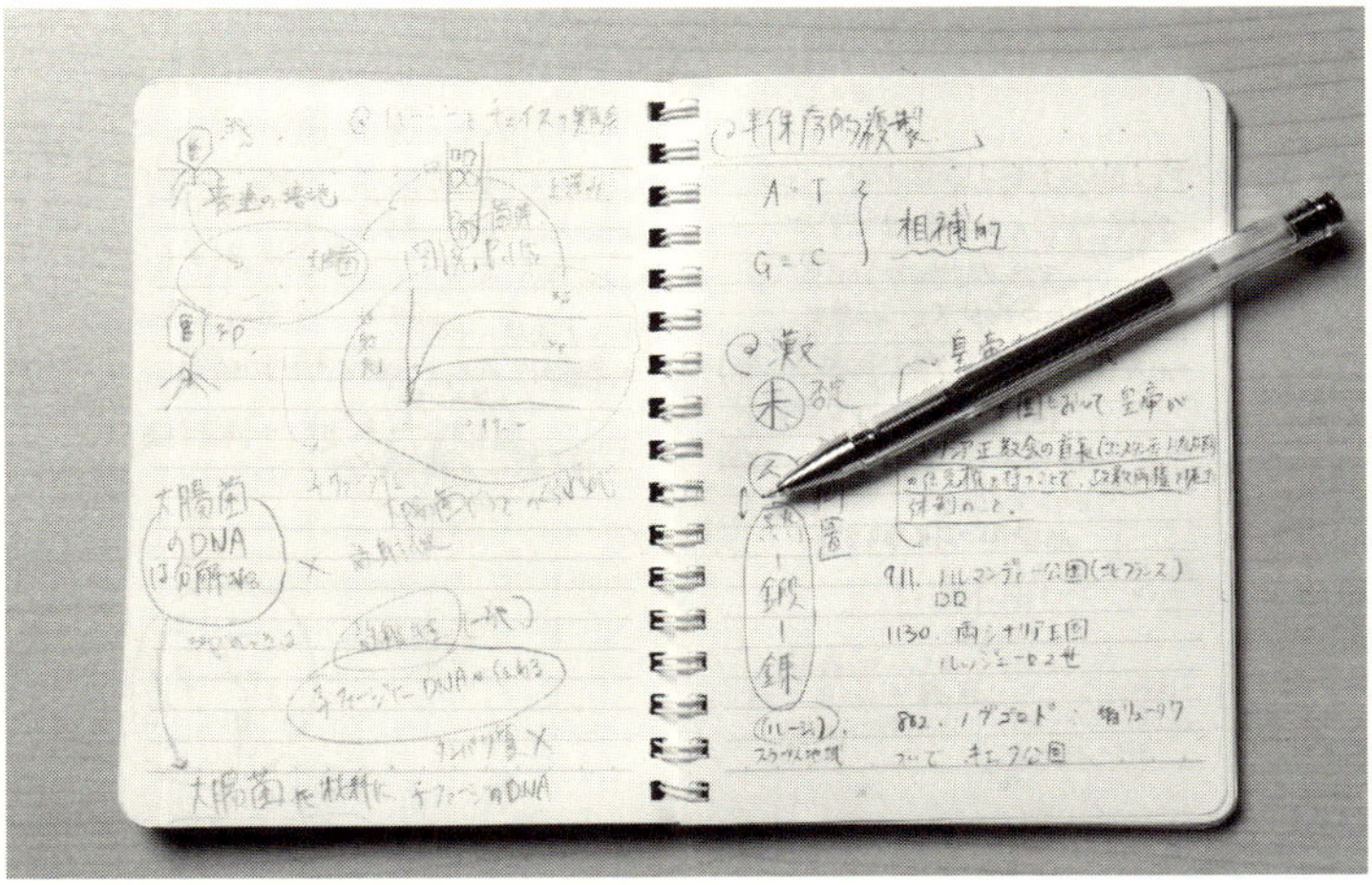

小さなメモ帳の中に、複数の教科が混在

と語る梶元さん。授業や模試でわからなかったことや特に重要なところ、あるいは以前教わったのに覚えていなかったところのみを、その場で〝弱点ノート〟に書き留めるというわけだ。

この弱点ノートは、全教科共通の一冊。ページをめくるごとに、「数学」「英語」「日本史」と、違う教科が飛び出してくる。

「〝あっ、これはダメだな〟と思ったら、すぐにその場でメモするのだから、手軽に使える方がいい。見直すときも、いろいろな教科を一度に確認できますから」。

また、弱点をメモする際は、箇条書きに近い簡潔な記述を心がけていたとか。あれもこれもと詰め過ぎずに、本当に苦手な部分だけを少なめに、というのがコツ。必要があれば図を加えたり、模試でわからなかったところを切り抜いて貼り付けたりもしたそうだ。

「テスト直前に最終確認するためのノート、といったイメージで作成していましたね。テスト寸前に自分の弱点をすべて総ざらいできるようなノート、というのを目標に。このノートを作ることで、苦手なところが明確化できたのは、いろいろな点で良かったと思いますよ。苦手箇所から抜けられずに何時間も浪費、なんて事態も防げましたし。弱点が目で見てはっきりわかる形になっているのですから、頭にも入りやすかったですね」。

市販のノートはもういらない？

白紙のフリースペースを上手に使う

原田直之（仮名）・経済学部3年

学生が勉強用に使っているノートというと、たいていは横書き用Ｂ５判程度のサイズで、細い罫線が引かれているタイプ。あるいは、ルーズリーフを使うという人も多い。しかし、原田直之（仮名）さんの場合は、まったくの白紙をノート代わりに使っていたというから面白い。

「授業ノートをまとめ直したり、問題集を解く際にはコピー用紙を使っていました。白紙のフリースペースの方が、後からちょこちょこと付け足したりするのにも向いているので。イレギュラーなことにも、柔軟に対応できますから」

と語る原田さんは、かつては普通のノートを使用していたが、その使い勝手があまり合わなかったという。

「僕の場合、罫線があると、ついぎっしりと詰めて書きたくなってしまうんです。ノートを一行飛ばしで書く人もよくいますが、それでは余白が間延びしている感じがして、違和感があった。でも、ぎっしりと詰めて書くと当然、あとから何も書き足せない。修正箇所があったときも、対応がしにくい。これではダメだろうということで、発想を変えた。罫線があるから、きちんと詰めて書きたくなる。それなら、何もない白紙に書くようにすればどうだろう、と」。

もともと彼のノートのまとめ方というのも一種独特で、この手法にフリースペースは最適だったようだ（詳細は82ページ参照）。

以降、彼は白紙をノート代わりに使うようになる。

「罫線のないフリースペースは、変な制約もなく自由に書き込めるので、僕にとってはとても使いやすい。以前は、ノートに書く際に①②③の後の解説文は一文字分空けてとか、このスペースにはこれ以上文字を書き足してはいけない、とか自分で決めたルールに縛られていたんですね。それが白紙を使うことで、さほどルールにこだわることもなくなった。それに、フリースペースは、**どんなに文字を書き込んでも、見方によってはまだあらゆる箇所に余白が残っているようなもの。**後から、いくらでも書き足すことができるのも特長ですね」。

こんな「勉強法」も効果アリ！　【ノート術編――その1】

☆ピンク、青、緑色の蛍光色で重要度を表現　（1年・女性）

特に大事なところをピンク、やや大事なところを青、そして文中で目立たせたいところは緑色の蛍光ペンでラインを引く。これ以外の色は一切使わない。そもそも色を多用すると、どれがポイントか、より重要なことはどれなのかが、かえってわかりづらい。それよりも、重要度順に3色のみ使用と決めた方が、絶対にわかりやすいはずだ。

☆ノートには講義内容だけでなく自分が感じたことも書け！　（3年・女性）

授業のノートは、先生の講義内容だけでなく、そのときに自分が感じたことまでも書き留めるべき。そうすることで、内容全体を丸ごと把握することができる。よく、講義内容のキーワードのみ書き留める人がいるが、これはNG。きちんと文章の形でとらないと、内容全体を理解することはできない。

どんな内容でも頭にスルリ

すべてを自分流で楽しむまとめノート

井上香織（仮名）・文科2類1年

「参考書の内容を、そのまま暗記するのは苦手」という井上香織（仮名）さん。

「参考書や教科書に書かれている内容は、所詮他人の文章です。これを暗記しようとすると、私の場合、ちょうど演劇のセリフを覚えるように、ただ文章の上っ面だけしか頭に入ってこなかった。本当に理解して暗記することが、できないんですね」。

彼女も以前は、参考書の用語や説明文をそのまま暗記していたそう。しかし、文章をただ丸ごと頭に入れているようで、根本的に理解したとの実感が、どうしても持てなかったそうだ。そのため、教科書や参考書の記述、また模試の問題などをノートにまとめる際、すべて自分の言葉で置き換え、自分なりの文章で記すようにしたという。

すでにある文章を、まったく違ったものに手直しするというのは、その文章の意味を根本から理解していないとできるものではない。その上で、自分の感性に合わせた文章に組

み直していくのだから、強く記憶に残ること間違いなしだ。また、

「ノートにまとめる際には〝完璧なまとめノートを！〟なんて張り切っちゃうのはNGです。きっちりとキレイにまとめようとすると、そのことばかりに集中しちゃって、肝心の内容が頭に入ってきません。これでは本末転倒ですよね。何より、ルールに沿ってきちんとやろうとするのは、作業のようであまり楽しいものではないし」

という彼女は、ノートにまとめている最中、〝ちょっとニュアンスが違うかな〟と思えば、すぐにペンでぐしゃぐしゃー。そして、塗りつぶしたその黒い箇所などまったく気にせず、次の行からまた書き進めていくのだとか。

確かに、彼女のノートを見ると、黒い〝ぐしゃぐしゃ〟が所々に点在し、文字もちょっと躍っていたり、力なく消えかかっているものもちらほら。しかし、〝細かいルールなど決めない〟〝妙に気張らずラフに〟というのは、長く続けていかなければならない勉強においては、有効な考え方といえるだろう。

カラフルなペンを使って楽しい気分に

そして、「勉強を少しでも楽しいものにするために」彼女は多彩な色ペンを用い、ノートをカラフルに仕上げていったという。

「もちろん、几帳面な学生なんかがよくやるように〝赤は最重要用語、青は間違えやすい用語〟とかでは一切なく、ただ気分に合わせて適当に。楽しい気分になるためにやっていることだから、意味なんてなくていい」。

ノートを開くと、明るい色彩が目に飛び込んできて、何となく気分が晴れやかになる。それがやる気につながる……女性ならではともいえる手法である。

頭に入っているのかどうかを確かめる

問題集より使える自作問題集ノートを作る

田中智子・文科3類1年

52ページで紹介した上田隆明（仮名）さんと同様、参考書の内容を自作の問題文&解答の一問一答に仕上げ、ノートにまとめていたというのが田中智子さんだ。

「参考書の内容は、余計なところまで載っている。無駄な部分が多いな、と思ったのが、まとめノートを作り始めた当初の理由です。必要以上に詳しく書いてあったり、もうすでに頭に入っていることなども当然、参考書には載っていたりしますよね。**それらを整理し、必要なところだけをノートにまとめれば、勉強すべき分量もずいぶん少なくなって楽になるなー、と**」。

そんな考えから、まずは参考書の中で太字になっているような重要部分と、自分がわからなかったところをピックアップし、ノートにまとめてみることにしたという。と同時に、彼女はそのまとめ方を一問一答形式にすることも思いつく。

「参考書の記述をただ読んでいても、本当に頭に入ったのかどうか、自分ではわからないじゃないですか。何となく流し読みしていただけで、あとから〝全然頭に入っていなかった……〟なんて気づくこと、意外とありますよね。それなら、実際に自分で問題を解いてみて、覚えているかどうか試しながら勉強していく方が良いんじゃないかな、と思い、一問一答形式ノートにしてみました」

と、田中さん。しかし、それなら何も自分で問題文を作成しなくても、参考書と問題集の併用でもいいようにも思えそうだが、市販の問題集はあまり合わなかった、と彼女は続ける。

「実は、問題集ばかりやっていた時期もあったんです。でも、問題文に書いてある用語自体をまだ覚えきれていなかったり、解答文で補足的にさらっと流してある部分の中に、自分が間違えそうな内容が入っていたりと、何だかしっくり来なかった。覚えているのかどうか試すために問題を解いているはずなのに、ポイントのずれたことばかり質問されているような感じで（苦笑）。そういった不満があったので、〝それならいっそ、自分で問題を作ればいいのかも〟と思ったわけです」。

そんなことから、一問一答式ノートを作るようになったのだが、では具体的には、どのようなまとめ方をしていたのだろうか。

オレンジ色のペンで書かれた解答を赤シートで……

まず、ノートのページを縦半分に折り、左側には黒ペンで問題文を、対する右側にはオレンジ色のペンで解答を書き入れる。これに赤シートを載せれば、解答がすべて隠れるというわけだ。このやり方で、自分に問題を出しながら暗記していったという。

また、問題&解答にうまくまとめられなかったときは、重要語や自分が間違えそうな箇所のみオレンジ色にした文章＝〝穴あき長文問題〟のような体裁にしたそうだ。

あとは、この自作一問一答ノートを、何度となく確認していったというわけだ。

「**一問一答式にしたことで、少しの空き時間に小マメに見直すということがとてもやりやすかった。**5分あれば1問ぐらい勉強できますから。解けなかった問題にはチェックを入れて、テスト前にそこだけ確認する、なんてこともしやすい。そんな手軽さゆえか、ひとつのノートにつき、10回以上は見直した計算になるんじゃないかな。参考書じゃ、こうはいきませんよね（笑）」。

定番だけれど効果がある

ページの縦半分ノート術のアレンジ法

小林祥之・工学部3年

ノートのページを縦半分に線引きして使うというのは、よく使われるやり方。東大生の多くがこのやり方を採用している事実からも、効果が高いといっていいだろう。でも、なぜノートを普通に使うのではなく、この手法が有効なのか。

これについて、小林祥之さんは「僕の場合ですが」と前置きをしつつ、次のように分析する。

「ノートの紙面いっぱいにそのまま書くと、あとで見るときに目線があっちへ行って、こっちに行ってと無駄に左右に動いてしまい、疲れてしまう。対して、**縦線を引き、そのスペース内で書く分には、目線が上から下へと流れるので、見やすい。**それに、1行の文字数はある程度少ない方が、断然読みやすいですよね。それが、ノートを縦半分に利用するメリットじゃないかと思います」。

縦半分利用には、アレンジの余地がある

ノートを縦半分にして利用する方が、読みやすさの点で有利というのが小林さんの分析。それに加えて、授業内容をノートに書き留める際にも、メリットはあるという。

「ノート全面を使うと、スペースが広すぎるせいか、先生の講義内容や板書をただ漫然と書き散らかすだけになってしまいがち。これでは、単純作業のようで眠くなってしまう。少なくとも僕の場合は、そうでした。ノートを縦半分にするこのやり方なら、スペースが2つに分かれているため、内容を一度頭の中で整理し、どうやって写していくかレイアウトを考える余地がある。例えば、ページによっては右側部分を補足解説専用のスペースにするなど、自分でアレンジしながらノートにまとめる必要があるので、授業に集中せざるを得ない。この点も、良かったですね」

ページの縦半分というスペースだからこそ、ただダラダラと文章を書き散らかすことはしにくい。アレンジする余地が生まれ、これが授業に集中することにつながった、というのが、彼が持った実感というわけだ。

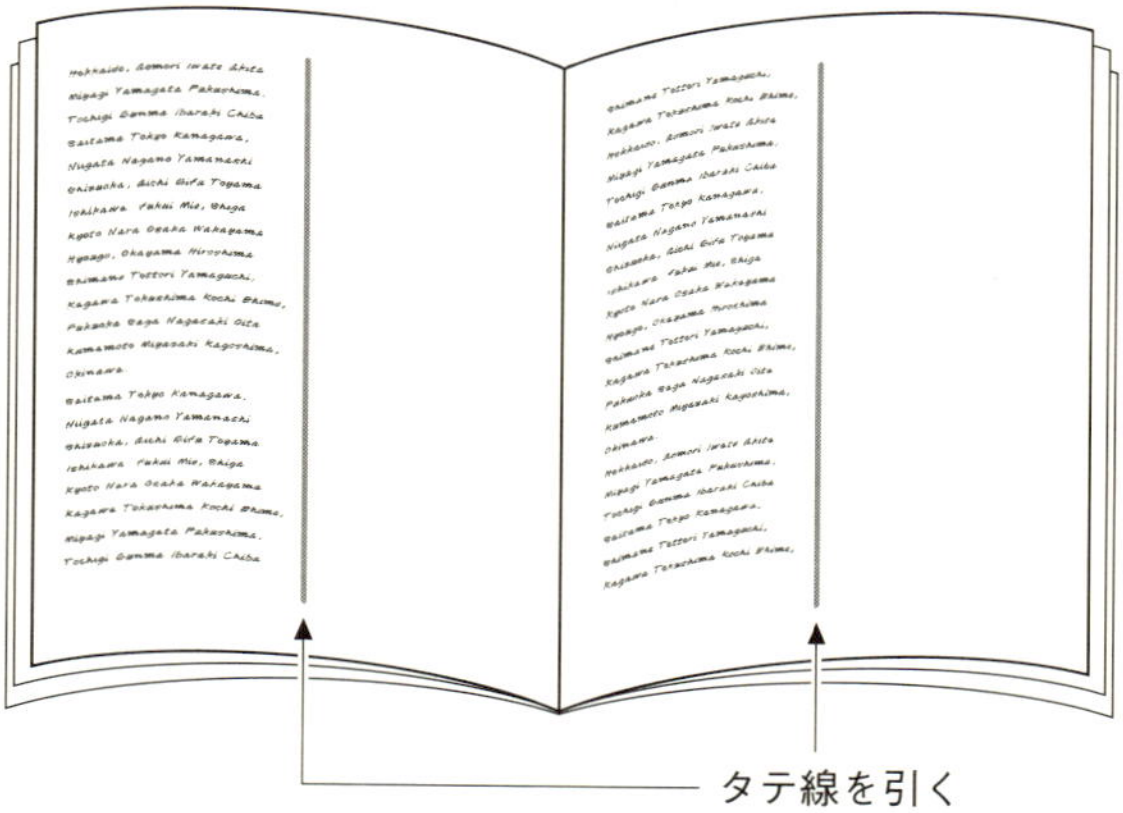

ちなみに、彼がよく使っていたアレンジの手法は、左側にはキーワード、右側にはその説明を書くといったもの。このやり方で仕上げたノートは、試験前などの際、自作の用語集として活用したという。

それにしても、授業内容をただそのまま書き留めるのではなく、頭の中で一度整理し、用語集を作るかのようにノートに記すのだから、確かによほど授業に集中しなければできることではない。ノートに縦線を一本引くだけのことが、授業を真剣に聞く姿勢につながるのなら、一度試してみても損はない手法といえるだろう。

ノートはきちんと書く VS. ノートはぐちゃぐちゃで良い

勉強で使うノートは、どのような扱い方をすべきかというと、「きれいな完璧ノート」派と、「書き込みが多いぐちゃぐちゃノート」派とに分かれる。

「きれいな完璧ノート」派の言い分は、「ノートは本来、すべての要素がきちんとまとめられているもの。そうではなければ、むしろ参考書を使う方がいい」「完璧なノートは芸術品のようで、完成すると達成感がある」。

後者の「書き込みが多いぐちゃぐちゃノート」派は、「ノートなんて自分だけがわかればいいはず」「ノートをきれいに整理することに時間をかけるなら、その分違うことを勉強した方がいい」「あとで書き込みができないノートは、意味がない」との意見が多い。

そして、前者のタイプはノートを何度も見るなど、勉強の中でノートの存在が大きく、後者は一度頭に入ったらノートは放り出し、参考書や問題集に向かう人が多いようだ。

ただし、後者の「書き込みが多いぐちゃぐちゃノート」派だが、〝ぐちゃぐちゃ〟といっても、それはあくまでも見た目や字の汚さに限った話。〝ぐちゃぐちゃ〟＝適当にノートを取る、と同義ではない。

いかに〝ぐちゃぐちゃ〟派とはいえ、「書きなぐったような汚い字でも、記述内容自体はあとで自分が見たときのことを考えて、わかりやすく」と心がけている人がほとんどのようだ。

結論：ひとつのことをコツコツとやる几帳面タイプは「ノートをきちんと」まとめる方が、能力を存分に発揮できるだろう。馬力で勝負とばかりに、ガンガン勉強を押し進めるタイプは「ノートはぐちゃぐちゃ」でも、ノートを上手に活用できそうだ。

自分だけの物語ノート術

授業内容を残らずすべてノートに書き留める

水野香澄・文学部3年

授業のノートはどのように取ると効果的か、悩んだことはないだろうか。黒板に書かれた内容を写すだけで良しとするか、先生の講義内容すべてをノートに書き留めるべきか。これは、「講義をする先生次第」というのが大方の意見だろう。雑談の多い先生の言葉をすべてノートに書き留めるのは意味がないし、要点をかいつまんでわかりやすく説明してくれる先生の講義なら、話す内容すべてを残しておいた方がいい。

しかし、水野香澄さんの場合、先生の講義はどんな内容であれ、基本的にはすべてノートに書き留めるようにしていたという。

「先生の話は、ノートに全部書き留めていました。〝**あまり重要ではないかも**〟という**事柄や雑談めいたものもすべて、です。**先生の言ったことをそのまま、小説を書き上げるような感じで、ひたすら文章にしていくのがコツかな。雑談めいたものまで入れるのは無駄な労力のように思えるかもしれませんが、雑談めいたなかにも何らかの知識が隠れているものです。何より、そういった内容も適度にちりばめることで、一つの魅力ある物語に仕上がっていく。これが狙いです」

という水野さんは、19ページの記憶術でも語ってくれたように、暗記ものは文章で覚えるタイプだ。

「私にとっては、どんなに長い文章でも一つの物語をそのまま覚える方が、ポイントだけを箇条書きにしたものを暗記するよりも、はるかにやりやすいんです」。

しかし、先生の話すことをすべて書き留めるというのは、なかなか大変なこと。この辺りの苦労について、水野さんは次のように語った。

「先生の話を丸ごとノートに書き留めるのだから、確かに授業のときはとても大変です。自分にしか読めないような汚い字で、まるで速記者のようにただひたすらペンを動かしていました。誰に見せるわけでもないので、本当にくずれた文字で。なので、ノートを取ったらその日の夜か、どんなに遅くとも2～3日中には必ず違うノートにまとめ直す必要がある。これ以降だと、字があまりにも汚すぎて、自分でも判読不可能になっちゃいますから（笑）」。

速いペースの授業でも楽々

ふきだし多用のノート術

山口知花(仮名)・工学部３年

授業中に使うノートは、「汚くていい」派と「きれいに取りたい」派とに大きく分かれる。前者の言い分は「自分しか見ないのだから、自分にだけわかればよい」「余計なことに気をとられず授業に専念したい」。対して後者は「どうせ取るなら、きれいにした方が気分がいい」「授業ノートがきれいだと、あとでまとめ直す必要がなくなるので効率的」といったところだ。

しかし、授業中にきれいなノートを取るのはなかなか大変なこと。「ノートはきれいに」派といえども、先生の講義を聞き、ノートをきちんと整理しながら書き留めるというのは至難の業、というのが正直なところだろう。

授業ノートをきれいに取るコツというのは、あるのだろうか。その辺りのことを、「ノートはきれいに」派の山口知花（仮名）さんに聞いてみた。次の通りだ。

「先生の講義をそのまま文章にしていると、書くことが多くなり、付いていくのがやっと、という感じになってしまう。これではきれいな字で整理して書くことにまで、気が回りません。そこで私の場合、ふきだしを多用しました。**例えば歴史で○○国王が行ったことについての内容なら、ノートに○○と人名を書き、それにふきだしをつける。その中に、彼のやったことや考えなどを、セリフ形式で書き込むのです。**これなら、すべてを文章で説明するよりも短い記述ですむ上、見ていてわかりやすいですし。何より、すっきりときれいに整理して書けるのがいい」

というのが彼女の手法だ。そして、「それでも先生の講義に付いていけなそうなときは……」として、次のようなテクニックを語ってくれた。

「先生の話のなかから、とりあえずキーワードとなる用語だけ書き留めて、色ペンで囲んでおく。この部分はあとで調べ直し、補足していけばいいんです。変にアセって間違ったことを書いてしまったり、見直すのがイヤになるほど汚いなぐり書きになってしまうより、ずっといいでしょう」。

疑似試験問題としても活用できる
完璧ノートとその思わぬ効果

矢部直子(仮名)・工学部3年

ノートのまとめ方は、人によってさまざまだ。そして、矢部直子（仮名）さんの場合、次のような手法でまとめていたという。

「授業ノートや参考書をまとめ直す際、〝自分が先生だったら、ここを試験問題にするな〟という箇所を赤ペンで書いていました。こうすると、あとで赤シートを使って隠し、覚えているかどうか確認できる。文章をただ見て暗記するというのでは、覚えているかどうかわからないので不安でしょう。テストのとき、わかっているのに書けないという事態が一番怖かったので、重要箇所を隠して自分で試せるような、そんなノートにしてみました」。

また、ノートをまとめる際には、まずは完成させることに専念していたそう。

「とりあえずは、ノートを全部まとめてしまうのが先決。まとめ終わるまで、見直したり暗記を始めたりということは、しませんでした。テスト直前なのにまだ完成していないという、中途半端な事態を避けたかったんです。いざ完成したら、覚えるのは、電車の中とかどこでもできますし、急いで暗記する必要はないかな、と思って」

とのことだ。そして、一度完成したまとめノートは、その後何か情報を書き足したりなどは、一切しなかったという矢部さん。

「まとめ終わったら、このノートは完成品。なので、何も手を加えたくないんです。もともと私は、きれいに整理した〝美しいノート〟に仕上げることに熱意を持つタイプ。きれいな完成ノートを見て満足感にひたり、ひそかに喜ぶ、みたいな（笑）」

との考えのようだ。そして、参考書やその後の模試でわからなかったところ、間違えた箇所など、本来なら「まとめノートに書き加えておこう」と考える事柄は、次のやり方で復習し、暗記し直していたそうだ。

「ノートにまとめそびれた事柄が出てきたら、白紙にガーッと繰り返し書いて覚える。完成ノートに書き加えることはしたくなかったので、その場で暗記するようにしていました。ノートに書かない、と決めていたことがかえって良かったのか、意外とスムーズに覚えられましたよ」。

多彩な色ペン使用 VS. ペンは単色で十分

ノートをまとめる際、多くの色を使ってカラフルに彩るか、それとも黒や赤などごく限られた色のみでまとめるか。この二つの意見は、男性と女性とにはっきり分かれた。「多彩な色ペン」派は女性に、「ペンは単色で十分」派は男性に多かったようだ。「多彩な色ペン」派は、「ノートがカラフルだと、見ているだけで楽しくなるから」「きれいな色で埋まっていくと、勉強したなという達成感がある」という、〝少しでも楽しい気分になるために〟使用するといった気分的な意見が目立った。

対して、「ペンは単色で十分」派は、「カラフルだと、どこが重要なのかがわからなくなる」「そこまでカラフルにする意味がない」「目がチカチカしてイヤ」など、いたって冷静かつ合理的な意見を多く耳にした。

結論：勉強する上で、気分的な面を重視する向きは「多彩な色ペン使用」を、勉強でも何でも合理的に物事をすすめるタイプは「ペンは単色」が合っているのかもしれない。

やや こしい構造も難なく理解

矢印、記号、囲みの使い方

原田直之（仮名）・経済学部3年

61ページにて、白紙を用いてノートを取るやり方を推奨していた原田直之（仮名）さんだが、ここでは、彼の〝ノートのまとめ方〟について触れておこう。先述の通り、フリースペースを用いる原田さんのノートのまとめ方は、ちょっと独特だ。

「僕の場合、ノートをまとめる際、ただ文章を書き連ねていくのは、あとで見たときにわかりづらいので苦手だった。いったん頭の中で内容を整理し、それを自分なりの図にしてまとめるやり方をしていました。**例えば歴史だったら、ある事件とある事件、あるいは人、国などの因果関係を矢印でつないで図解する。これを年代順に作っていくんです。**教科書などでは、政治史、経済史、文化史と、同じ年代の事柄でも別ページで解説されていて、頭の中でリンクさせづらい。それを年代ごとにまとめ、それぞれの事件を矢印でつなげ、図に整理していったんです。この政治的な事柄が、経済上のこういったことに結びついたというのを、矢印でつないで視覚的に整理するわけです」。

つまり、文章内容をすべて整理し、その構造を年代順に図にしてまとめたということだが、この手法の特に優れた点は、次のようなところだという。

「ある事件について教科書で一行程度、触れられていたとします。一方、まったく違うページやあるいは参考書で、違う側面からの記述があったとする。これを矢印でつなげてまとめることで、全体図が把握できる。しかも、図にすることで理解しやすく、視覚的効果で記憶にも焼きつきやすい」。

これはどういうことかというと、次のように考えてみるとわかりやすいかもしれない。例えば、アメリカとイギリスの戦争の歴史内容について、教科書ではアメリカ国内の内容が、数ページで展開されていたとする。その際、イギリスとの関わりは一行程度の記述のみ。一方、まったく別のページで、同時期のイギリスのことが、アメリカとの関わりも含めて解説されている。これをそれぞれ別の話として捉えるより、矢印でつなげてひとつの図にし、覚えた方が得策というのが、彼の考え方だ。

また、図を作成する際には……、

「目で見てわかりやすいルールを設けると、より効果的です。**矢印の太さによって〝予想**

されていた展開〟〝実際に起きた事実〟と分けてみたり、囲み方も、波線で囲んだ内容は〝当時の国民の気運を表す〟とか。フキダシや記号なども、自分なりのルールで多用すると、ビジュアルで理解できるので頭に入りやすかったですね」

とのことだ。

現代文も図にして理解すれば、国語力がアップ

矢印でつなげた図でもって、構造を根本から理解する。そう考えると、この手法は歴史や地理、生物といった、事実を丸ごと把握し、覚えていく教科に向いていそうだが、彼は現代文の教科でもこのやり方を貫いたというから面白い。

「ダラダラと続く長文が苦手だったんです。長文で語られると、意味が頭に入ってこなかった。そこで、文中にある重要と思われるキーワードをすべてピックアップし、矢印でつなげてみました。接続詞を頼りに、**矢印も〝同じことを言っている矢印〟〝逆の展開を表す矢印〟と分け、それを組み合わせて文章を構造で理解しようとしたんです。**余計な部分をそぎ落とし、シンプルな相関図にすることで、要点と結論を浮き彫りにしていく。僕の

ように長文が苦手な人には、おすすめですよ」

と、原田さん。現代文の問題を解く際には、毎回この手法を使って何とか点数を取っていたそうだが、実はこれが思わぬ実力をつける結果になったという。

「どんな文章でも、即座に構造をシンプル化し、要点を絞り込めるようになりました。また、たまに変わったパターンの長文に出くわしても、パッと見で〝一般的な文章とはちょっと違う構造だぞ〟と、直感が働くようになった。文中からキーワードを抜き出し、矢印で整理する訓練が、そうしたカンを育てたんですね」。

長文が苦手なため、苦肉の策として編み出した裏技で切り抜けていたら、結果的に苦手な長文の読解力を育てることになったというわけだ。

こうして考えてみると、彼のこの手法は一見、裏技のようにも思えるが、実は正攻法だったということなのだろう。

どこでも気軽に見て暗記

テキトーな走り書きメモノート

井上香織（仮名）・文科2類1年

64ページで紹介した自作まとめノートとは別にもう一つ、井上香織（仮名）さんがどこに行くのにも携帯していたノートがある。「弱点ノート」だ。

「参考書を読んでわかりにくかった点や、授業でつまずいたところ、あるいは模試で間違えた箇所などを、弱点ノートに書き留めていました。ポイントとなる単語や、知識内容をメモ書き程度の簡潔な短文で、適当にザーッと走り書きする。そして、電車の中やちょっと時間があいた時などに、サッと目を通します」。

弱点ノートに書かれた単語や短文の走り書きを見て、意味はもちろん、周辺の知識までもが頭に浮かんでくるようなら合格。「何だっけ、これ?」と思考が止まったり、周辺知識が連想されないようなら、そのキーワードをあとで勉強し直すというわけだ。

「弱点ノートに書き留める事柄は、本当に間違えそうな覚えにくい内容のみを厳選。重要とされる用語なども、あまり入れませんでした。これならノートも薄いものですみ、持ち運びもしやすい。どこでも見ることができます」。

それにしても、重要用語を外すとはまた、何とも大胆に思える。しかし、ここにも彼女ならではの計算があるのだ。

「重要用語なら、参考書や模試などこれから先の勉強で絶対に何度も出てくるので、そこで覚えればいいのですから。敢えてこのノートを使って覚える必要はありません」。

なるほど、理に適った意見である。

つまり、彼女にとってこの「弱点ノート」は、いわば〝切り札〟のようなもの。「なぜか何度も間違えてしまう」、あるいは「どうしても頭に入ってこない」事柄を覚えるためにこそ使うべき、最後の切り札というわけだ。

「そしてヒマを見つけては、弱点ノートを開くようにします。家でも、机の目立つところに置き、目についたら手に取ってみるようにする。適当な走り書き程度のメモで、しかも分量も少なめとなると、〝ちょっと見てみようかな〟といった気軽な感じで、ノートを開く気になるものです。何度も目を通し、時には調べ直しておさらいをすることで、自然と頭に入ってきますよ」。

こんな「勉強法」も効果アリ！【ノート術編――その2】

☆ノートに落書きを加え、イメージを頭に焼き付ける

授業のノートを取るとき、余白を多く残しておく。その後、復習する際には、その内容に沿った絵を余白に描き込んでいく。そうすることで、絵のイメージがそのまま頭に焼きつき、暗記もしやすくなる。絵は落書き程度のもので、気軽に楽しんで描くようにすると、印象に残りやすい。

（4年・女性）

☆左右の余白を広めに取ると、視線の動きが最小限にすむので見やすい

ノートは、横の余白部を広めに空けて書き留めるようにしていた。その方が、あとで見直すときに、視線を大きく動かす必要がないので見やすい。また、見た目もすっきりとまとまり、スイスイと頭に入ってくるような気になった。

（2年・男性）

☆一冊だけの完璧ノートを作る

（2年・男性）

参考書を5冊ぐらい使い、なかから大事なところをそれぞれ取捨選択して完璧なノートを作る。一度このまとめノートを作ったら、あとは絶対に内容に手を加えない。そうしなくてもすむように、気合いを入れてノートを作成する。完成したら、自分専用〝万能参考書〟のように、その一冊を使用する。

☆ノートには木の幹の部分と共に、少しの枝葉を書き込む

（1年・男性）

先生の講義を一本の木とすると、まず、枝葉の部分と幹の部分をしっかりと聞き分ける。そして、幹の部分のみノートに書き留めるようにする。そうでもしないと、先生のしゃべるスピードに追いついてノートを取っていくのは、絶対に無理なはず。その上で、枝葉の部分のなかで面白いなと思う内容も、メモ程度に記しておく。そうすることで、そのメモ書きから「あんな話をしていたな」と、具体的に記憶をたぐり寄せやすくなる。

第3章 東大生の本の読み方

十冊の参考書を勉強するより効果的

一冊の参考書を徹底的に攻略する

今野安代（仮名）・工学部3年

「参考書は、適度に分厚くて、一応のことがひと通り書いてあるようなものを選ぶようにしていた」という今野安代（仮名）さん。そして、使っていた参考書は、年間を通して一冊だけだったというから驚きだ。

「まあ、かなり初期の頃に、ごく基本的な内容が書かれた参考書を買っているから、これを合わせると二冊になるのかな。それは、基礎内容を理解するためのものとして、ざっと読んだだけですけど。あとは、とりあえず一冊の参考書を徹底的にやってみて、もし足りない部分があったら、そのときに考えればいい、と思っていました。実際、模試を復習したりすることだけでも、十分フォローすることができましたよ」

と、今野さん。つまり、何冊も参考書を用意し、**全部が中途半端な状態になるよりも、一冊の内容をみっちりと頭に叩き込んだ方が得策**、というわけである。

自分のノートよりプロの参考書を選ぶ

合わなければすぐにゴミ箱へ

山野麻美（仮名）・教養学部3年

「ノートに書いたりまとめたりするのが苦手だった」という山野麻美（仮名）さんは、アンチノート派。「ノートをまとめるのは時間の無駄」と言い切る。

「ノートをきれいに整理しようとか、多彩な色を使って仕上げようとか、そんなことは時間の無駄じゃないかな。いくら上手にノートを整理しても、やっぱり制作のプロがわかりやすく作った参考書にはかなわない。時間も労力もたくさんかけて、結果、参考書とさほど変わらないような内容のノートを作るなら、教科書や参考書をそのまま活用する方が効率的でしょう」。

確かにもっともな意見ではある。しかし、自作ノートというのは、読んだ参考書の内容はもちろん、学校や塾の授業、友人のアドバイスなど、多方面からの知識を集結させることができるのが大きな利点。この点では、ノートは参考書の記述に勝るといえるのではな

いだろうか。そんな疑問に対し……、

「新たに得た知識は、参考書や教科書に書き足せばいいだけのこと。私は参考書にたくさん書き込みをしていましたよ」

と、明快な答えである。

合わない参考書は即ゴミ箱へ

〝ノートより参考書〟派の山野さんだが、さすがに使った参考書も多いという。

「まず、持ち歩く専用の参考書が一冊。これは、バラバラに切り分けちゃいます（詳細は10ページ参照）。そのほかに二、三冊を常に使っていましたね。複数冊の参考書を使う方がやはり〝知識をすべて網羅できた〟という安心感が得られる。それから、買ったばかりの参考書でも、読んでみて相性が合わないと思ったらすぐに捨てて、違う参考書に乗り換えるようにしていました。もったいないな、とは思うけど、合わない参考書を使って勉強する時間の方がずっともったいない（笑）」。

金銭的な負担が強いられるのが難点ではあるが、なかなか合理的な正論といえよう。

どんどん進めて一気に調べ直す

難しい本は、理解できなくてもとにかく進める

岡雅之・工学部４年

難しい本を読み進んでいくのは、苦痛な作業だ。難解な言葉で自分の理解を超える内容がズラズラと書き連ねてあったら、どうしてもページをめくるのがイヤになり、放り出したくなってしまうものだ。自分にとってはかなり歯ごたえのある本を、着実に読み進めるのには、どうするのが正解か。

難しい書物を前に頭を抱えながら、そんなことを真剣に考えている向きは、岡雅之さんのやり方を試してみるといいかもしれない。少し手ごわい本を読まなければならないとき、彼はわからないところはひとまず置いて、先に進むようにしているという。

「難しい本を読んでいてわからないところが出てきたとき、以前の僕はそのわからない部分の周りを何度も何度も読み返していました。〝ここがわからなかったら先には進めない〟と思い込み、同じところをグルグル回って、無理にでも意味を理解しようとしていた。で

も、あるときふと思い直したんです。とりあえず先に進んでみて、やっぱり理解できなかったらまた戻ってくればいいじゃないか、と。それで、**わからないながらも読み進んでみたら、意外と理解できるということに気づいた。**あー、このやり方が正解だったんだな、と確信しましたね」

理解できない部分は無視してページを進めていき、それでもどうしてもわからなかったら、あとで考えればいい、というわけだ。

「〝意味がわからないけど、そういうものなんだ〟とし、無理やり理解しようとせず読み進めるのがコツですね。そうすると、**あとで突然、理解できるようになったりもする。**〝あの内容は、そういうことだったのか〟と。確かに、わからないままで読んでいくのは、イライラするものです。でも〝進んでいけば、いつかはわかる〟と信じて、とにかくページをめくっていくべきです」。

すべてを理解しようとせず、完全に理解する部分と、とりあえず見逃しておく部分とを切り離し、割り切って読み進んでいくべき、と岡さんは断言する。

わからなくなり過ぎたら、まとめて調べ直せ

読み進んでいくうちに、理解の及ばない部分があまりにも溜まり過ぎたら、一気に調べるというのも彼のやり方だ。

「わからないながらも読み進んでみて、ページの中のどの部分を見てもまったく頭に入ってこなくなったら、まとめて調べ直すタイミング、と僕は考えています。文字の上っ面だけが、ただ目の前をすべるように過ぎていくようになったとき、と言えばいいのかな。それと、〝やはりあの語がわからないから、どうしても理解できないんだ〟と、理解できない原因が浮かび上がってくるときもある。そうなったタイミングで、一気に調べていくんです」。

ちなみに、同じ内容でも、別の資料の違った書き方なら、理解できることも往々にしてあるという。

ガンガン読み進めていき、わからないところはあとで一気に片づける。これが、岡さん流の読書術というわけだ。

参考書を理解するためのルール

見逃しがちな「本書の使い方」を熟読する

中村晃一（仮名）・文科1類1年

分厚い参考書を前に「これを全部覚えなければならないのか……」と、タメ息をついたことはないだろうか。初めはやる気に満ちて勉強を始めたが、ぎっしりと詰め込まれた知識を目の当たりにし、ゴールまでの長い道のりに、早くも息切れ気分。参考書を読み進めるのが、既にイヤになっている自分に気づく……と、これに類似する経験は、誰にでもあるだろう。

しかし、そこで参考書を投げ捨てるのは、ちょっと待った、である。参考書の中身をすべて頭の中に叩き込む必要は、まったくない。実際にそうせずに勉強を続けてきた、中村晃一（仮名）さんの例を見てみよう。

「参考書の中身は全部頭に入れようとせず、重要部分だけピックアップし、覚えていけばいいんです。重要部分はたいてい、**太字や赤文字になっていたり、あるいは※印と共に注**

釈が付いていたりするので、すぐにわかる。この部分を暗記するだけでも、試験では十分、点数が取れるはずです」。

さらに彼いわく

「参考書のルールは、前もってしっかり把握しておくべき」

とのこと。その理由は、次の通りだ。

「参考書にはそれぞれ、赤文字が最重要事項、黒太文字は人名、下線が引いてある記述は解説コラム付き、といった、独自のルールがあるはずです。これを知っておくと、暗記する優先順位もおのずと決まってくる。赤文字は最初に完璧に覚え、その次は黒太文字、コラムは余力があったら読む……といった具合に」。

そのためにも、「本書の使い方」といったページがあるようなら、必ず目を通しておくべきという。

「最近市販されている良質の参考書というのは、そこまで親切に作られています。使う人が勉強しやすいよう、重要事項がきちんとしたルールに則って、上手に絞り込まれているものですよ」

と、中村さんは語る。

目次を書き出して全体像をつかむ

そしてもう一つ、中村さんならではともいえる「参考書の利用術」をお教えしよう。

参考書の中の全体の流れや、各ページのポイント部分をつかむのに、彼は目次を活用しているという。

「どの参考書にも必ず、各ページに見出しが付いています。この見出しというのは、各ページに書かれている内容のポイントが、短い言葉でまとめられている。**つまり、これらの見出しがすべて並んだ目次には、各ページに書かれたポイントが集約されているというわけです。**この目次をザッと書き出してみるだけで、全体の流れがつかめます。また、どの部分が重要なのかを、ある程度イメージすることだってできる。例えば、同じ内容に関する見出しが続いたら、それだけページ数を取っているのだから、この内容は重要だな、と」。

目次を書き出して全体像をつかむという彼のこのやり方は、新しい参考書を手にしたときにぜひ試してみたい、有効な手段といえるだろう。

重要部分は全体の三分の一
赤線を引いたほうがいいかなと迷ったら、引かない

樫山肇（仮名）・文科１類１年

ちょっと大きめの文具店に足を運ぶと、色ペンの種類の多さに驚かされる。赤、青、黄、緑といった基本色、それもパステルカラーや蛍光色など、各人の好みに合わせた豊富な色調のものが、ズラリと並べられている。それだけ色ペン愛好家が世に多くいるということだが、「色ペンはまったく使わない」という人も確実に存在する。

樫山肇（仮名）さんはそのうちのひとりだ。

「ノートをカラフルに色分けしたり、参考書などに多彩な蛍光マーカーを使うのは、手間もかかるし、その割にあとで見直してもさほど効果がないように思う。黒と赤のペンを使うだけで、十分事足りるんじゃないかな」

というのが彼の考えだ。

「たくさんの色が使われているより、黒で書かれた文字に赤線が引かれているだけの方

が、重要な部分がわかりやすい。たくさんの色が使われていると、どこがポイントなのか、かえって判別しづらいのでは、と思いますね。そもそも、色分けするほど重要な部分なんて、ノートにしても参考書にしても、記述全体の3分の1程度しかないはず。ポイントは絞り込まないと、混乱するだけです」。

確かに、多彩な色の文字や、下線、波線、二重線、星印、丸囲み……と、派手に飾られたノートというのは、結局のところ、どれがポイントなのかがまるで見えてこない。これではまるで意味がない、という樫山さんの主張には、うなずけるものがある。

頻度の高いもの＝重要語

「ポイントは絞り込まないと、混乱するだけ」——これは、樫山さんの先述の意見だが、この言葉通り、彼は参考書や教科書の中の重要語に赤線を引く際には、次のようにしていたという。

「**〝赤線を引いた方がいいのかな〟と迷ったら引かないというのが、僕のやり方です。**赤線は、あくまでも本当に重要な点だけに引くもので、余計なところには一切引かない。これは、赤線を引いただけで安心、となってしまわないためでもあります。実際、重要語かどうか迷った末、引かない選択をした方が、かえって記憶に残りやすい。妙に心残りになってしまうんですよね」。

では、彼が選び出す〝重要語〟は、どのようなものが該当するのだろう。

「例えば参考書の場合、文中に出てくる頻度の高いもの。これを見分けるため、初めは何もせずにそのまま読み、二度目から赤線を引くようにしています。また、参考書内で太字になっているものや、授業中に先生が強調したことも、赤線を引く対象です」

と語る樫山さん。そして、彼の過去の経験からも、このやり方で絞り込んだポイントをおさえておけば、まず間違いなかったという。

重要点を絞り込むというのは、覚えるべき量をスリム化することにもつながる。これこそ、上手に勉強する上でのコツである。

何度読んでも楽しめる

マンガを使った楽々勉強法

渡辺恵理（仮名）・文学部4年

歴史ものを筆頭に、最近ではあらゆる教科のマンガが手に入るようになった。英語、中国語などの外国語から、古文、法律もの、果ては各種資格試験に向けての教材まで、マンガ仕立てになっていたりする。

しかし、こういったマンガ教材は、果たして本当に役立つのだろうか。

渡辺恵理（仮名）さんの過去の勉強法は、そんな素朴な疑問に対するひとつの回答となりそうだ。

「私の場合、歴史の勉強は、まず子供用の歴史マンガを読むことから始めました。**マンガだと人物の表情がわかるので、理解しやすいんです。**それに、登場人物の衣装や、描かれている小道具から、当時の文化が透けて見えるのも興味深かったですね」

というのが、渡辺さんの言だ。また、マンガは参考書などと比べるとはるかに面白く、何度読んでも苦にならない点もよかったという。

「マンガは、繰り返し読めるのが何よりいい点です。教科書や参考書じゃ、ヒマな時にちょっと読んでみようか、とはなりづらい。これがマンガなら、面白いから〝寝る前にまた読んじゃおう〟と自然に思うことができる。**徹夜で全巻読破、なんてことができるのも、マンガならではの力ですよね。**もちろん、マンガだけで勉強を完了させるというのは、無理がありますよ。本格的に勉強を始める前段階として、マンガを読んで全体の流れを把握する、といった使い方が理想的じゃないかな」。

ただし、渡辺さんのいう〝マンガ（教材）〟というのは、あるレベル以上に達した名作を指している。最近出回っているような、解説文と単なる挿絵だけでページを埋めているようなものは、度外視した方がいい。

彼女のような効果を期待するのであれば、例えば時代考証がきちんとされているなど、細かな部分まで誠実に描かれた、魅力ある名作マンガを選ぶべき、というのを付け加えておこう。

参考書の内容をスムーズに理解する秘訣

小さな範囲を重点的に繰り返し読む

添野航平（仮名）・文科1類1年

仮に今、1時間の勉強時間が与えられたとしよう。その時間内で、読者諸氏はどのように勉強するか。勉強しなければならない箇所が広範囲に及ぶなら「なるべく先に」と、とにかく進んでいく……と、こうなるケースが多いのではないだろうか。

これに、添野航平（仮名）さんはダメ出しをする。

「はやる気持ちに押されて、先へ、先へとひたすら進んでいくのは、私はあまりおすすめできません。一回の勉強時間単位で考えるなら、広範囲をザッと流すのではなく、限られた範囲を重点的に何度も繰り返し勉強する方が、絶対に効果的です」。

また、彼は「その上でのコツ」を、次のように語った。

「例えば参考書を読むなら、すぐに頭に叩き込もうとするのではなく、初回は軽く読む程度に。回を重ねるごとに、深く理解していくようにした方が、スムーズに進みますよ」。

一冊の参考書をみっちりVS.用途に合わせて多数の参考書を

参考書は厳選した一冊を、ボロボロになるまで使った方がいいのか。それとも、暗記用、内容把握用など、用途に沿った複数冊の参考書を使い分けた方がいいのか。

「一冊の参考書をみっちり」派のほぼ全員が、「何冊も手を出して中途半端になるなら、一冊を完璧にやった方がいい」と断言。さらに、「教科書一冊の内容をすべて頭の中に叩き込んだ方が、参考書を何冊も暗記するよりずっといい」という意見も。

後者の「用途に合わせて多数の参考書を」派は、「年号や単語を暗記する際、全体像を把握する際など、それに見合った参考書を使わなければ効率が悪い」「自分に合う参考書なんて、何冊も購入してみないとわからない」「一冊だけだと、内容に記載漏れがあるかもしれないので不安」などの考えがあるようだ。

結論：これは各人の好みの問題だが、もし時間がないのならやはり「一冊の参考書をみっちり」の方が、効果は高そうだ。

レベルの高い本に挑戦するための良い方法

難しい本を読む前に、雑誌を探す

高瀬明美（仮名）・工学部3年

趣味の読書は、楽しいもの。しかし、勉強や仕事など、何らかの事情で難しい書物を読まなければならないとなったら、これはもう苦痛以外の何ものでもない。

どこをめくっても難解な言葉だらけで、とてもじゃないが読み進む気が起きない。でも、必ず読まなければならない……と、こんなときには、どうすればよいのか。

「私の場合ですが、例えば現在学んでいる建築関係の難しい本に挑戦しなければならないとき、**まずはそれに類するちょっと軽めの雑誌や、写真が多めの本を探してきて読む。**そして、少しでも興味が持てるようにするわけです」

というのが、高瀬明美（仮名）さんのやり方だ。

「自分にとってとっつきやすいところからアプローチし、興味が持てるようになったら、徐々にステップアップすればいいのではないでしょうか」。

わからないところは溜めておく

では、実際に難しい書物を読み始め、わからない部分に突き当たったら、どうするのが正解だろうか。わからないところはそのままに、とりあえず全部読み進めてみるべきか。それとも、その部分をすぐにその場で調べ上げるべきか。

前者は、わからないところがどんどん蓄積していくことでイライラし、結果、理解できなかった、なんてことにも。対する後者の場合は、せっかく内容に集中していたのに、それが中断されてしまうのが難点。どちらも一長一短といったところだ。

そこで、高瀬さんが実践している両者の折衷案を紹介したい。

「難しい書物を読んでいて、わからないところが出てきても、そこは保留ということにして、とりあえずはそのまま読み進みます。**この保留分がある程度溜まり、〝これ以上読み進むのはツライな〟と思うようになったら、その時点でストップ。**全部まとめて先生や先輩に聞いたり、資料を見て調べます」

と、これが彼女のやり方だ。先ほどの難題も解決、となる良策である。

相性が合わなければバンバン買い換える

用途別にたくさんの参考書を用意する

諸星純司（仮名）・工学部3年

世間には、一冊の参考書のみを使ってじっくりと勉強していくタイプと、数多くの参考書を使い分けて勉強していくタイプとがいるようだが、諸星純司（仮名）さんは間違いなく後者である。

「参考書は、たくさん買う方だと思います。目的に合わせて買ったら、自然と増えていってしまったんですよ。でも、イラストが入っていてわかりやすい参考書とか、より相性の合うものが見つかったら、たとえ同じ教科の参考書を持っていても、そっちに切り換えた方がいいでしょう」

というのが、諸星さんの考えである。実際に、彼がそろえていた数々の参考書は、次のようなものだ。

「まずは、大まかな概要が書いてある参考書。ごく基礎的な部分を理解するのに、使いました。それから、教科書の内容をより詳しくしたようなタイプ。いわば、万能の参考書といった趣のもので、その教科を勉強する上での主軸のような扱いで使いました。あとは、総まとめが書かれているもの。これは、勉強したことを最後に確認するために活用。それと、問題演習用。まあ、こちらは問題集ですね」

と、優に5冊にも及ぶ数。そして、これらの参考書も、より良いものに出会ったらお役御免になる、というから驚きだ。

「もったいないな、とは思いますよ（苦笑）。ただ、僕は塾には通わなかったので、その費用を考えると、このぐらい試行錯誤させてもらってもいいだろう、と。それに、参考書というのは、教科書や授業内容でわからなくなったところを調べたり、苦手なところを補う意味で使うもの。それなら、**自分のレベルに合わせてその都度ランクアップさせるべき**です。そして、よりスムーズに理解ができそうなものがあるのなら、バンバン切り換えていくのが、本来の目的に沿っているのでは、と思いますよ」

と、諸星さんは語った。

机に向かわず寝っ転がって読む

ただ読むだけの作業ならオススメ

栗原大輔（仮名）・文学部4年

「ただ読むだけという作業は、机ではやらないようにしていました。必ず寝っ転がって、というのが僕のやり方です」という栗原大輔（仮名）さん。

彼の場合、手を動かさない勉強を机でやると、妙に気があせってしまうそうだ。

「机に向かってただ読んでいるだけだと、〝勉強しているようで休んでいる〟といった感じになり、落ち着かないんです。対して、ベッドに寝転がりながら読む分には〝休んでいるようで勉強している〟と思えて、ちょっとお得感がある。まあ、単に気分の問題なんですけどね（笑）」

というのが彼の言い分だ。机の前に座って、ただ読むだけの作業をするのはもったいない。それならベッドに横になり、体を休めつつ読んだ方がいい、というわけで、何とも合理的な考え方といえよう。

こんな「勉強法」も効果アリ！【本の読み方編】

☆参考書は何十冊も見比べ、実力より一段上のものを選ぶべし　（3年・男性）

参考書は、万人向けに作られたもので、それが自分に合うとは限らない。なので、参考書は必ず何十冊も見比べてから購入。その際に、自分のレベルの一段上のものを選ぶべし。実力より上の参考書でないと、目標には絶対に達することができない。

☆長時間かけて少しずつよりも、短時間で一気に　（1年・男性）

特に理系の内容の資料、書物は、まとまった時間に一気に読んでしまうようにしていた。理系分野の内容は全体のつながりが重要になってくるのだが、長時間かけて少しずつ読んでいくやり方だと、なかなか全体像をつかむことができない。それよりも、まず初めに資料を一気に読み、全体像を把握してしまえば、あとはより突っ込んだ難しい内容を勉強しても、すんなりと理解しやすい。実際、できる限り短時間で読み切ってしまってから改めて復習していく方が、効率よく勉強が進められた。

☆目次とまえがきを初めに熟読せよ　　　（2年・女性）

初めからいきなり読むのではなく、まず目次やまえがきから読み始めてみるといい。特に「はじめに」と書かれたまえがきには、効果的な参考書の使い方や、あるいは著者が内容のキモになる部分を簡潔に説明してくれていることが多いので、目を通しておくに限る。また、目次は全体の流れがよく把握できるので、こちらもおすすめ。その後は、面白そうなところのみを少しずつ読んでいき、徐々にその本に興味を持てるようにしていく。すると、スムーズに読み進めることができる。

☆参考書は表紙にも書き込みをしてボロボロに　　　（1年・男性）

本や参考書は、きれいなままで使い続けるより、書き込みをしたりフセンを貼ったりして、ボロボロにする。その方が「勉強したな」という実感が湧いて、励みになる。また、参考書の表紙の裏や余白はフル活用すべし。絶対に覚えたい用語などは、表紙にデカデカと書いておくと、目にも留まりやすいので必ず暗記できる。

第4章　東大生の時間の使い方

ちょっとした空き時間のほうが集中できる

長時間よりも1秒の空き時間に1単語暗記

長江政孝・文科3類1年

電車やバスの待ち時間や乗車時間、あるいは人との待ち合わせで早く到着してしまったとき、食卓について食事が運ばれるのを待つ時間……と、「ちょっとした空き時間」というのは一日の中で意外とあるものだ。「この時間を有効に活用すべし」というのが長江政孝さんの考えである。

「ちょっとした空き時間に、例えば英単語の一つでも覚えられれば、儲けものじゃないですか。〝1秒あれば1単語見られる〟というのが、僕のモットーですね」。

そんな長江さんは、ふとしたときにおとずれる空き時間のために、常に何かしらの勉強道具を持参するようにしていたという。

「例えば、歴史の参考書などをカッターでバラバラに切り、その何ページ分かを持っていたりしました。これなら持ち運びにも便利ですし、いつでもどこでもすぐに出せる。あと、大事なところに線引きするための赤ペンも必需品です。この二つは、いつもカバンの中に入れていましたね」。

そして、空き時間の中で見た内容は、必ずその日の寝る前に復習していたという。そうすることで、こま切れに出現した空き時間を使って何となく覚えていった内容を、改めてきちんと頭の中に定着させるのである。

「僕はもともと、長時間机に向かって勉強をするのが苦手だったんです。でも、こま切れの空き時間を使ってサッと勉強するのなら、さほど苦にならない。終わりがすぐ先に見えているほんの短い時間だからこそ、逆に集中できますし」

という長江さんは、自宅での勉強でも、なるべく時間を短めに区切るようにしていたという。

「**1時間勉強したら10分休憩という具合ですね。**10分の休憩時間で気分転換をしっかりやって。集中できる時間が短いのだから、勉強時間と休憩時間のスパンを短くし、回転を早くすることで勉強の合計時間を稼ぐといったところですか」。

つまりは時間をこま切れに使い、少しずつ積み重ねるように勉強をこなしていくのが、長江さんなりのやり方というわけだ。

着実に勉強をこなす上での最強アイテム

一日を1時間単位で区切ったスケジュール表を使う

永蔦鮎美・農学部4年

一日24時間というのは、誰にでも平等に与えられているもの。しかし、与えられる時間は確かに平等だが、これを有意義に使える人と、そうでない人がいるのが現実だ。そして永蔦鮎美さんは、前者のタイプというわけである。

彼女は、一日を1時間ごとにマス目で区切ったタイムスケジュール表を毎日作り、そのやるべき予定とスケジュール表のマス目を常に意識しながら、着々と勉強をこなしていたという。

「タイムスケジュール表は、前日に作るようにしていました。朝起きてから寝るまでの時間を、大学ノートの2行ぐらいのスペースを使い、1時間ごとのマス目で区切っていく。そして、まずは食事の時間やおやつ、読書などの息抜き、風呂といった時間を斜線で埋めていく。要は、勉強以外の時間をすべて斜線で表すのです。次に、空白のマス目に勉強の予定を書き入れていくのですが、このとき、**マス目のブロック単位で考えていくようにすると、バランスのいい計画を立てることができます**」。

例えば、朝食の斜線と昼食の斜線の間に4時間分＝4つのマス目分のブロックが空いていたとする。と、このブロックは大きいから、じっくり勉強しておきたい英語をやる時間に。また、午後のおやつと読書の斜線の間のブロックは小さいから、数式を1問解く時間に当てよう……といった具合に、ブロック単位で考えて各教科を配分していくのである。

「一日の行動をブロック単位で考えて予定を組み、それを実践していくと、規則正しいリズムができてくる感じがしましたね。そして、夜寝る前に必ず、そのスケジュール表を赤ペンで修正する。これがポイントです。**スケジュール表の上から赤ペンで、実際はどのように過ごしたのかを書き足していく。すると、計画倒れとなった箇所が一目瞭然。**これを分析してみるんです」

と、永嶌さん。立てた計画と実際にできたこととのズレを目で確かめ、これを反省材料として軌道修正していくというわけだ。

「なぜ計画通りにいかなかったのか毎回分析することで、自分の問題点が見えてくるようになりましたね。例えば〝毎回私はおやつの時間がズレ込むんだな〟とか、〝英語の勉強を1時間で切り上げるのは、ちょっと無理があるのかな〞といった風に、反省点がはっきりと浮かび上がってくる」。

この反省点は、早速翌日に生かされる。おやつの時間は早めに切り上げるように意識し、英語の勉強時間は少し多めにとるようにする、といった具合だ。

ダラダラ時間がなくなるマス目の思わぬ効果

「それから……」と、永嶌さんは続ける。

「このスケジュール表を作って良かった点が、もうひとつあります。1時間単位のマス目を意識することで、ダラダラしたり、無為の時間を過ごすことが少なくなりました。例えば、予定よりももう少し長く休憩したいな、となったとき、頭の中にマス目が浮かぶ。そして〝じゃあ、本来の休憩時間の次のマス目、それも半分だけ延長するようにしよう〞と、切り上げ時を自分の中で調整できるようになったんです。気づいたら1時間以上もダラダラし続けてしまった、なんて事態がほとんどなくなりましたね」。

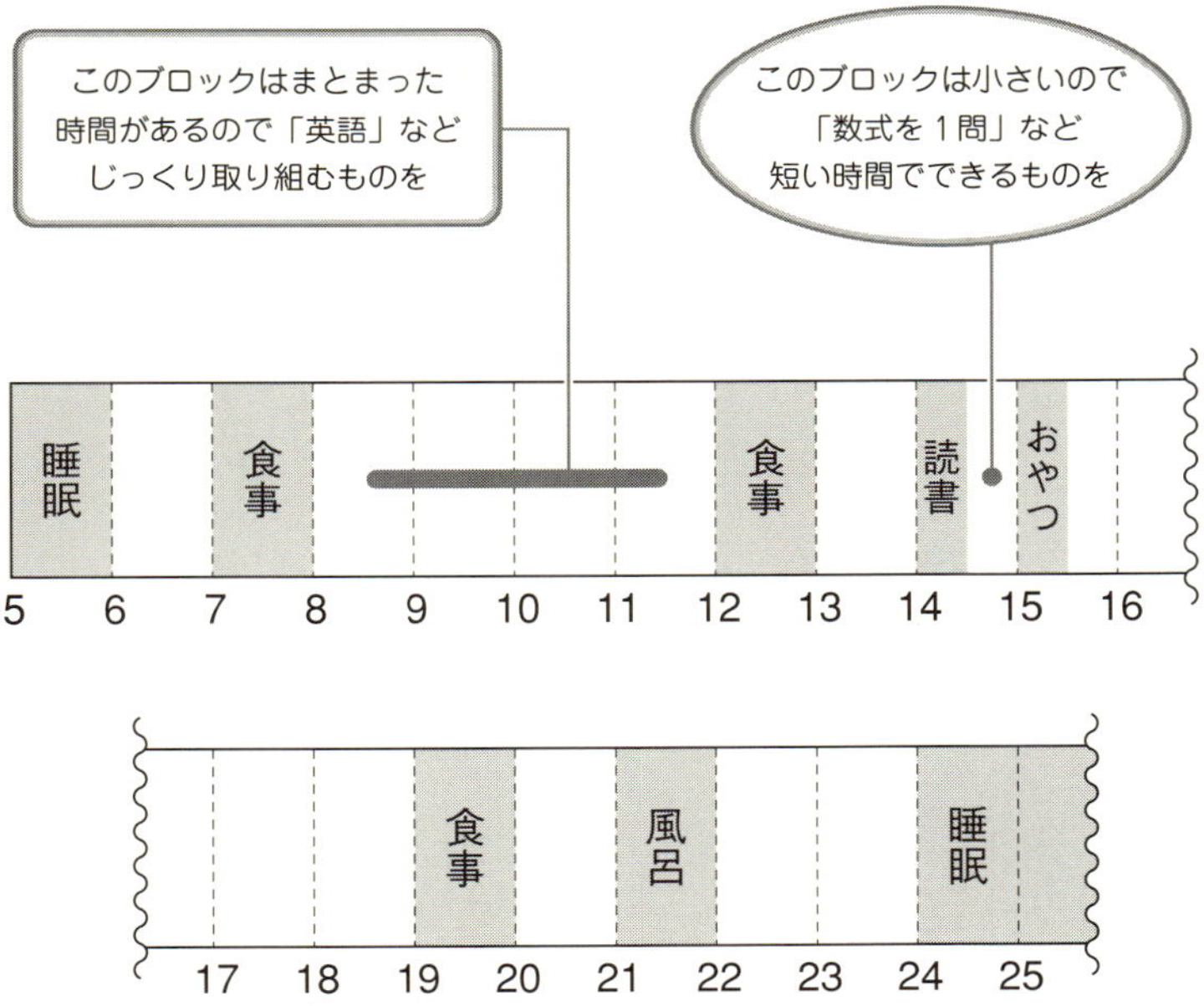

空白になっているブロックの大きさを考えて勉強のスケジュールを考える。

１日が終わった夜には赤ペンで実際にどう過ごしたかを書き込めば、計画通りにいかなかった部分がわかり、次のスケジュールの組み方の参考になる。

長時間の勉強はNG

休憩したいときに休憩をとる

南野麻衣(仮名)・文科3類2年

「昨日は6時間、ぶっ通しで勉強し続けた」と聞くと、たいていの人は「頑張ったね」「エライなぁ」と称賛するのではないだろうか。

しかし、南野麻衣(仮名)さんの場合、恐らく違った反応をするはずだ。「長時間の勉強は、能率が悪いので私はしませんでした」という彼女は、根を詰めずに短時間集中して勉強するタイプ。

「普段のときは、大体60分単位で勉強するケースが多いですね。長時間続けての勉強は、疲れるだけだし、やる気が出てこない。それなら、**合間にちょっとずつ休憩を入れながら、短時間ごとに勉強した方が、ずっと効率がいいはずです**」

というのが、南野さんの考えだ。そんな彼女は、通学電車の中や学校の休み時間も、勉強時間に充てていたそうだ。

「通学の電車の中では、主に教科書を読んでいました。以前は本を読んでいましたが、それが習慣になっていたのも、良かったのかもしれませんね。本を教科書に代えてみただけのことですから。また、学校の休み時間もそうですが、時間が決まっていると、そんなに苦にならずに勉強ができる。その割に、結構な時間が勉強に充てられますよね」

と、彼女は語る。

気分が乗ってきたら長時間勉強も

長時間、根を詰めてやるのは苦手という南野さんだが、それでもごくたまに、集中して長時間勉強するときがあったという。

「読んでいる内容が頭に入ってこなくなったり、〝お菓子が食べたいな〟なんて雑念が増えてきたら、勉強を切り上げるようにしていました。結果、ほぼ60分で一区切り、となるケースが多かったんですが、たまに気分が乗っているときもある。そんなときは、〝長時間勉強はダメ〟なんてことにこだわらず、集中力が続くまで勉強していましたね。自分の考えに変にしばられず、気分に合わせて勉強するのが一番ですから」。

スムーズに解けるのはこの方法が一番⁉

数学の難問はテレビを見ながらなんとなく解く

尾上太郎・理科1類1年

数学の問題がどうしても解けず、しまいには頭が痛くなってしまったという経験はないだろうか。数学に限らず、問題を解くことに没頭し過ぎたため、頭を無駄に疲れさせただけで、結果が伴わずに終わってしまったというのは、よくあることだ。

もし、日々の勉強に際し、没頭し過ぎて空回りすることが多く、悩んでいる向きがいたら、尾上太郎さんの手法を試してみるのもいいだろう。驚くことに彼は、テレビを見ながら数学の難問を解いているというのだ。

「めちゃくちゃ難しい問題は、下手にハマってしまうと、同じ思考の方向から抜け出せなくなってしまう。堂々巡りをして、無駄に時間ばかりかけるという結果に終わってしまいがちです。でも、**テレビを見ながら気軽に挑戦してみると、意外とスムーズに解けたりするもの。**意識がテレビの方に適度に向いているので、ヘンに煮詰まることなく、問題に打ち込めるんですね」

と、語る尾上さんだが、具体的には、次のような心構えで行うと効果的だという。

「休憩がてらテレビを見つつ、問題を解けるようなら解いてみる、という姿勢でいることがポイントです。もともと休憩のなかでやっていることなので、もしテレビに熱中してしまっても、それはそれで良しとする。テレビを何となく見ながら、問題にも時々目を向け、何となく解いてみる……といった感じがベストですね」。

あくまでも〝休憩中に試しに解いてみる〟という姿勢でいることが、重要なのだとか。

「このやり方は長時間には向かないので、せいぜい30分ぐらいと決めることも大事な点。長時間かけると、ただダラダラと時間を浪費するだけに終わってしまう。区切りのいいところで、スッパリ切り上げるのが一番です」

というのが注意点のようだ。

朝7時から正午までが勝負!

午前中に集中すれば、午後の勉強が楽になる

市川美穂(仮名)・文学部3年

脳の働きという点から「勉強は午前中にするのが一番効率がよい」というのは、多くの識者たちが語る常識である。しかし、市川美穂(仮名)さんは別の観点から、「午前中の勉強」を心がけているそうだ。

「例えば〝一日8時間勉強〟という計画を立てていたとします。このとき、**少し早起きして朝7時〜正午までの5時間、勉強するようにすると、午後の気分がまったく違う**。午前中に8時間のノルマの半分以上をこなしたのだから、〝今日はあと3時間だけ勉強すればいいのか〟と、気持ちの負担が軽くなるんです」。

午後というのは「一日の本番」といった趣がある。その〝本番〟前に、イヤなノルマを既に半分以上片づけた状態というのは、確かに悪いものではない。これなら、午後の勉強も、余裕を持って気分よく取りかかることができそうだ。

勉強は必ず机の前で VS. 勉強は時間が空いたらどこででも

さて、こちらについては、東大生の大多数の意見が一致する。彼らのほとんどが、「勉強は時間が空いたらどこででも」派だ。

勉強するならきちんと机で、という考えもアリのような気もするが、今回話を聞いた大多数の東大生いわく「ちょっとの空き時間でも、勉強しないともったいない」「暗記モノは、電車の中などでこなすのが一番」「エンピツと単語帳があれば、どこででも勉強できるのだから」。いたって精力的に勉強をしているというわけだ。

なかでも興味深いのが、「机の前では、問題集を解くなどその場でしかできないことをするべき」という意見。「暗記モノはどこででもできるのだから、何も机に向かっているときに敢えてする必要はない」とほとんどの東大生が語っていた。

結論：「勉強はどこででもできるもの」というのは、勉強の達人たる東大生の誰もが持っている考え方。ぜひキモに銘じたい。

目からウロコの時間術！

眠いときにこそ暗記ものをやる

対比地大輔・理学系研究科修士2年

「決められたことを淡々とこなしていくのは、得意な方なんですよ」

と、静かな口調で語る対比地大輔さん。計画を立てても予定通りにこなせず、苦労している向きからすると、何ともうらやましい性格だ。

「自分のなかで一度きちんとしたリズムができあがったら、あとはそのペースで毎日勉強していけばいいいだけ。身体にリズムがしみついたら、毎日同じ時間に勉強するのは意外と楽にできるものですよ」

という対比地さんは、日々の勉強計画をきちんと立てるタイプ。毎日ほぼ同じ時間に同じ教科に取りかかるようにし、着々と勉強を進めていったという。

「毎日同じ時間に同じ勉強をすると、脳のリズムも次第にそのようなサイクルになってくるので、こなしやすい。それに、各教科を毎日少しずつやっていった方が、翌日取りかかるときも、よりスムーズにできる気がする。どんな教科でも間が空くと、次に勉強するときに、やりにくいでしょう。脳がその教科にピンと来てくれないというか……」。

と、根っからの〝着実に勉強〟タイプの対比地さんだが、そんな彼には、計画通りにことが進まない……、つまりは完全なスランプに陥ってしまった経験はないのだろうか。

「実は、スランプの経験はあまりないんですが（苦笑）。まあ、そういったときには、気持ちが向いたらやればいいか、と気軽に考えるようにしていましたね〝このスランプを克服しなければ！〟なんて、変に意気込むことはしないで。そのときにやりたいことをやりながら、勉強する気分になるのを待てばいい。もともと毎日の積み重ねで体内にリズムができあがっているから、そのうちに自然と勉強に気持ちが向くようになるものですよ」。

スランプからいち早く脱するには、前もって常に勉強する習慣を身につけておくのが一番、というわけだ。

時間ごとの脳の働きを考えて勉強計画を

決めた通りに着々と勉強を進めていったという対比地さんだが、勉強の計画を立てる上で何かコツはあるのだろうか。

「各教科それぞれを勉強するのに、一日のなかで向いている時間とそうでない時間とがある。それを見極めて予定を立てるのが、コツと言えるかな。例えば僕の場合は朝型生活で、朝は6時には起床し、寝るのは12時頃。その時間内で、朝は目一杯頭を働かせて考えなければならない教科を、夕方は参考書の中身をノートに書いて勉強していくような教科を割り当てていました」。

対比地さんの場合、朝は脳が最も活発に働く感覚があったので、数式や化学式を解くような、思考力を要する教科に専念。夕方は少し疲れてくることを考え、ノートに書いて暗記するような教科を勉強したということだ。

眠いときには暗記ものを手がけろ!?

そして、彼のやり方で何といっても面白いのが、英単語などのひたすら暗記をしていくものは、眠くなってきたら手がけるようにしたという点だ。英単語と訳をただ暗記していくだけというのは、眠いときに最も向かない勉強のようにも思えるのだが、一体どういう計算が隠されているのだろうか。

「英単語の暗記は、いらない紙の裏に繰り返し何度も書いて覚え込むというのが僕のやり方ですが、こういった作業的なことは、思考力を使わないでもすむ。それなら、まだ脳の働きが良い内はほかのことをした方が効率がいい。**一日の勉強時間と、やるべき教科の時間配分を考えると、眠いときに暗記ものをやる計算になるんです**」

とは、対比地さんの言。しかし、眠いときに暗記ものをやっても、果たして頭に入ってくるものなのか。いや、そもそも、英単語をただ書き連ねていく作業を、よりによって眠いときにやるなんて、そのままダウンしてしまう危険性はないのだろうか。

そんな疑問に対し、彼はこう語った。

「ダラダラと英単語を紙に書いているだけでも、結構暗記できているものです。手で何度も書くことで、イヤでも頭に入ってくる。最悪、寝てしまっても、まあ、〝寝る前に１語でも覚えられたらラッキー〟ぐらいの気持ちでいれば良いわけですし。でも、眠い中でも作業を続けていると、意外と目が覚めてきたりしますよ」。

勉強計画で着実に目標を達成!

一年間の日数を細かに計算して割り出す

森内大介(仮名)・工学部3年

その日にやらなければいけない勉強が何なのかをよく把握しないまま、とりあえず机に向かっているという人は、意外と多いのではないだろうか。「今日は○○の教材を5ページ勉強すると決めている」という人でも、では、なぜ明日ではなく「今日」なのか。ほかの教科ではなく「その教材」なのか。そして、なぜ「5ページ」勉強するのか、と問われると、返答に窮するだろう。

しかし、そんなちょっと小意地の悪い質問に対し、明確な理由を述べられるのが森内大介(仮名)さんだ。彼は、勉強計画を長期的な視野で考えて逆算し、その日やることを前もって決めているという。

「一年間のなかで勉強すべき範囲から逆算し、その日にやるべきことをきちんと決めています。そうしないと、ただ何となく勉強をこなしているだけになってしまう。その日にやることを、あらかじめ割り出しておけば、〝このノルマは、今日こなさないとマズイぞ〟と、イメージできるので、ダラダラすることも防げます」

と語る森内さんは、次のようなやり方で勉強計画を立てていたという。

「受験期の例でいうと、まず一年間を大きく3つに分けていました。その各期間のなかで、1～4月は苦手分野対策と基礎問題集を、5～8月は応用問題集を、9～12月は大学試験の過去問題集を手がける期間としてみました。次に、それらの目標を達成するのには、何冊の教材を使い、どの教材から始め、一日何ページをノルマにすればいいのかを細かに計算した。これを各教科ごとに行い、計画を立てていましたね」。

そして、計画を立てる上でのコツとして、森内さんは次のように語った。

「**絶対にクリアできるような、ゆるめの計画にするのがコツといえますね。**順当にこなせば時間が余り、ほかのことにも手が出せるほどノルマを少なめにしていました。計画を立てるときは、意気込んでついハードルを高く設定しがちですが、そもそもこなせなければ意味がない。それよりはラクな計画を立て、最低でも計画通りのことは必ずできる、とした方がいい。その上で、余力があったらほかの勉強を、と考えた方が、計画倒れにならずにすみます」。

十分な余裕で目標以上の成果が得られる

「勉強2時間」に対し「1時間の予備時間」を設定

山崎誠(仮名)・工学部3年

「勉強を計画的に進めるタイプ」という山崎誠(仮名)さんは、〝計画倒れ〟に陥ったことがあまりないのだそう。その秘訣について、彼に話を聞いてみたところ……

「一日の勉強時間の全部を計画に組み込まず、**予備時間というのを設けていました。**2時間勉強したら1時間の予備時間、といった風に。そして、2時間の勉強時間で計画していた内容が終わらなかったら、その後の予備時間で帳尻を合わせる。この予備時間のおかげで、あせることなく着々と勉強できましたよ」

とのこと。そして、この予備の1時間の存在が大きな武器になっていた、と山崎さんは語る。

「2時間のなかで計画通りにできたら、この予備時間は遊んでもいいことにしていました。まあ、勉強できればそれに越したことはないのですが、**〝勉強できたらラッキー〟**ぐ

らいの軽い気持ちでいた。なので、一日のなかで遊べる時間が結構多いような気分になれましたね。それでいて、そんな気分を持ちつつ、意外と予備時間を勉強に充てることもできましたし」。

実際、２時間の予定時間内に計画通り勉強を終わらせ、予備時間はフリータイムになることが多かったようだ。

そして、余った予備時間では、本屋で参考書を見たり、何となく教科書を読んだりと、〝勉強に近い息抜き〟といった使い方をすることがほとんどだったとか。

「予備時間という余裕を持つことで、計画したこと以上の成果が挙げられたし、気持ちの上でのゆとりも持てた。このやり方はおすすめですよ」。

授業中の「今」が勝負！

その場で理解してしまうことに意識を集中

浅田直樹（仮名）・文科1類1年

新しいことを理解するのは、それなりに大変だ。浅田直樹（仮名）さんは、これを授業時間内ですべてすませてしまおう、との考えの持ち主だ。

「**知らなかった知識を理解するのは、エネルギーがいること。それを学校の授業ですませてしまえば、あとは暗記するだけの状態なのだからラクでしょう。**それに、授業中に理解しないと、また新たに時間を割いて、同じことを繰り返さなければならない。授業中に一発で理解しておけば、違うことに使えた時間なのに、と思うと、バカらしいですよね」

というのが浅田さんの主張だ。そのために、彼は次のようにしていたそうだ。

「授業中は〝一発勝負〟という気持ちで、**その場で必ず理解するように全力を注いでいました。**わからなかったら授業をストップさせてでも、そのときに先生へ質問する。授業に頭が追いついていけなくなりそうだったら〝もう一度お願いします〟と、ためらわずに中し出ていましたね」

と語る浅田さん。そんな彼は、当時「授業ストッパー」なる異名を取っていたそう。

「とにかく、授業で取り上げられた事柄はその場で理解する、をモットーにしていましたから。周囲の人には少し迷惑だったかもしれませんね（笑）。でも、時間をムダに使わないためには、授業中は内容を理解するのに専念し、暗記するときは暗記をきちんと、そして休もうと決めたら休む、とメリハリを付けることが大事だと思う。授業中に居眠りしたり、内職したりなんてしていたら、結局あとで同じ時間を使って、授業でサボってた分の穴埋めをしなければならない。それでは、意味がないでしょう」。

ちなみに「授業中にその場で理解する」ためには、予習は欠かせないポイントとか。そして、授業中に今ひとつ飲み込めなかった場合でも、遅くとも授業直後の休み時間には理解できるように心がけていた、ということである。

毎日30分の仮眠で快適に勉強

寝起きのつらさは「あせり」で克服する

矢島亮（仮名）・文科2類1年

おとずれる眠気に誘われてウトウトと居眠りをするのは、心地がいいものだ。しかし、あまりの心地よさにベッドから出られなくなった、なんてことが起こりがちなので、困りものでもある。特に、勉強中の〝仮眠〟は、その切り上げ時が意外と難しい。

そんな〝両刃の剣〟ともいえる仮眠と、上手に付き合っていったのが、矢島亮（仮名）さんだ。**彼は、ほぼ毎日30分間の仮眠を取りながら、勉強を続けていた**という。

「眠いなか勉強しても頭に入ってこないので、思い切って寝るようにしていた。毎日30分間は仮眠を取り、夜中2時頃まで勉強していましたね。もちろん、仮眠から起き、ベッドから抜け出すのはそれなりにつらかった。なので時間計算し、**イヤでも起きざるを得ない時間帯にぶつけて仮眠するようにしていましたね**」

と語る矢島さんは、夕飯前やバスタイム前の30分といった、必ず起きざるを得ない予定の前に、仮眠時間を取るようにしていたようだ。

「そういった時間帯なら、イヤでも親が何度も起こしにきますし（笑）。あとは、心地よくて寝過ぎてしまわないよう、敢えてベッドではなく机に突っ伏すような、無茶な姿勢で寝てみたりもした」

と、矢島さん。そして、仮眠後にはちょっとした運動をしていたという。

「仮眠から起きたら、腕立て伏せを5分ほどしてみたり、近所を10分ほど軽く走るようにしていました。すると眠気もすっかり取れて、スッキリしますよ」。

どうしても起きられない、そんなときには……

空腹感や親の怒声、あるいは無茶な姿勢による体からの悲鳴がどんなに激しくても、どうしても起きられない。長い〝勉強生活〟のなかでは当然、そんなことも起こり得るはずだ。そうなった際に、矢島さんはどのようにしていたのか。

「確かに、どうしても仮眠を切り上げられないという状況も、よく起こりましたよ。そうなったら、最後は自分のモチベーションに頼るしかない。例えば、眠りながらも〝このまま寝てしまったら、絶対にヤバイぞ〟という危機感がつのるのを待つ。それでも仮眠が切り上げられず、結局朝まで寝てしまったこともあります。その場合も、失敗をモチベーションにつなげるようにしていた。〝**昨日寝ちゃったんだから、今日こそはしっかりやらなきゃ〟と**」。

つまり、〝このままだとマズイ〟といったあせりを巧みにモチベーションにつなげ、勉強へと気持ちを奮い立たせた、というわけだ。

「あせり」が勉強へと気持ちを向かわせる

「あせる気持ちをモチベーションにまで昇華させる」というやり方は、仮眠対策に限らず勉強全般に有効のようだ。実際に矢島さんは〝東大受験〟真っ只中の頃は、次のような気持ちで勉強に臨んでいたという。

「勉強は〝今やらなきゃ、さすがにマズイな〟〝ここでラクしたら終わりだ〟と心から思ったときにだけ、やっていた印象です。あせりから底力が出てくるタイプなんでしょうね、僕の場合」。

教材全部の内容を覚える必要なし

時間が無いから結論だけを覚える

宮本智宏（仮名）・文科2類1年

「もともと部活動をしていたので、人よりも受験勉強のスタートが遅れているという意識があった」と語る宮本智宏（仮名）さんは、とにかく効率重視で勉強していたようだ。

「教科書も、全部覚える時間的余裕はなかったので、結論にあたる部分のみにマーカーを引き、そこだけをピンポイントで暗記していました。**文章というのはたいてい、結びの部分に要点が集中していますから。**その結論にまつわる周辺知識は、あくまでも軽く把握しておくだけにとどめていた。同様に授業も、先生の板書から大事な部分のみをノートに書き、そこだけを重点的に理解するようにしていました」

と、あくまでも〝効率重視〟〝時間短縮〟をモットーに勉強していた宮本さん。見方によっては「手抜き」ともとれる手法だが、彼の〝東大合格〟という結果から考えても、これは一つの正しい勉強法といえそうである。

90分単位の授業時間にまどわされず

勉強時間は目的に合わせて設定する

室賀拓也（仮名）・文科1類1年

授業時間というのは、どんな種類の講義であれ、概ね決まっているもの。大体60～90分といったところか。この授業時間に合わせ、自宅での勉強時間も何となく60～90分単位にしている、という人も多いだろう。

そんな多くの例と対照的に、勉強の目的に合わせて勉強時間を変えるやり方を取っているのが、室賀拓也（仮名）さんだ。

「例えば、新しいことを理解する勉強なら40分ぐらいで一区切り。暗記ものなら20～30分単位で。問題演習なら、平均的な試験時間の90分。勉強時間の単位は、目的に合わせて変えていくべきですよ。**一律90分などと、固定する必要はまったくない**」

というのが、彼の考え方。つまりは、限られた時間を有効に使うには、目的に合わせて巧みに時間配分をするのが何より重要、ということだろう。

こんな「勉強法」も効果アリ！【時間の使い方編】

☆日曜も祝日も平日と同じ生活リズムで勉強を
（3年・女性）

生活リズムを毎日固定し、それを守るようにした。日曜、祝日も平日と同じリズムで行動し、学校や塾で勉強している時間は、自宅でも勉強するようにした。また、移動の電車の中やちょっと空いた時間は、必ず単語帳を見るなど、何らかの勉強をするようにした。これもリズムとして体にしみこませてしまえば、さほど重荷と思うことなく、空き時間＝勉強時間、とすることができる。

☆朝の10分勉強を毎日続けることが、大きな自信につながる
（4年・女性）

毎朝10分だけ早く起き、苦手な教科の基礎勉強をする。コツは、毎日欠かさず続けることと、あまり難しい内容には手を出さないこと。そして、ほんの10分間だけ気軽に勉強してみる、といった姿勢でいること。一日10分でも積み重ねればかなりの時間数になるし、それによって苦手教科の問題集が一冊でもこなせれば、大きな自信につ

ながるものだ。

☆10分刻みのスケジュールを組めば、自然と体が動きだす　（4年・男性）

試験前には10分刻みの予定を組んでいた。勉強しなければならない全体量から逆算し、10分単位でノルマを割り当てていくと、「サボっている場合じゃない」というのが明確になる。「10分間でその内容をこなすにはどれだけのスピードが必要か」「もしうっかりサボってしまったら、それを取り返せる時間はもうない」というのがはっきりとわかると、自然と体が動き出してくる。また、残り時間数から考えて、どの部分は妥協し、手をつけない方がいいかもわかってくるので、効率よく勉強を進めることができる点でも、この手法はおすすめ。

☆1時間勉強につき15分のご褒美で、集中力を持続　（2年・女性）

勉強を1時間したら15分好きな音楽が聞ける、あるいは一日のノルマを達成したら、映画を一本観てよし、など、時間単位で小刻みに自分へご褒美を与えると、集中力が続く。

第5章　東大生の続ける技術

疲労度に合わせて息抜きもステップアップ

ガムで集中力を自在にコントロールする

木村淳（仮名）・文科3類1年

長時間勉強を続ける上で最も大事なのは、「いかに上手に息抜きをするか」ではないだろうか。勉強の合間の気分転換がうまくできれば、常にリフレッシュした状態で勉強に臨むことができる。この〝息抜き〟〝気分転換〟を上手にコントロールしていたのが、木村淳（仮名）さんだ。

「勉強をしていると、60〜90分ぐらいで集中力が途切れてしまうものです。そうなったら僕の場合、まずはタブレットのガムを一心に噛む。3粒ぐらいまとめて噛むといい。あのバリバリとした噛み心地がストレス解消にもなり、眠気も吹き飛びます。その後、勉強を再開し、また疲れてきたら、今度は次段階。ガムを噛むより少し大きめの気分転換として、20分ほどギターを弾いてみる。そうしたら、再度勉強開始。次に集中力が途切れたら、ギターよりも大きい気分転換として、ちょっとした運動を……といった具合ですね」。

つまり、彼の場合は、勉強疲れの度合いによって、気分転換の内容もステップアップさせ、徐々に溜まっていく疲れとうまく折り合いをつけていたというわけだ。

「タブレットのガムが、まず第一段階の息抜き。ギターを弾いたり、お風呂に入ったりというのが第二段階。さらに大きい気分転換が必要になってきたら、友人と思い切って遊びに出かけたり」

まあ、さすがに友人と遊びに出かけて気分転換を図るのは、日常的なことではなかったようだが、それ以外の息抜きは、毎日の勉強時間の合間にコンスタントに入れるようにしていたという。また、

「母親が作る料理というのも、大きめの気分転換の一つに位置づけていましたね。勉強疲れの度合いを考えて、うまく食事時間が挟まるように一日のタイムスケジュールを前もって調整して……」

という木村さん。ガムやギターの効果も限界になり、「これはかなりストレスが溜まってきたぞ」と感じたら、なるべく意識を〝食の楽しみ〟に向けるようにしていたそうだ。

「今日は何の料理だろう、あと○分で食べられるな、と、食事に大きな楽しみを見出すよ

うにして、その場のストレスをうまく逃がすようにしていた。そして、食事のときは好きなものを思いっきり食べる。〝こんなに食べたら太るかな〟なんてことは一切気にせずに。勉強を続けるのはツライことだから、せめて楽しみにしている食事のときぐらい、余計な我慢はしない方がいい」

というのが、木村さん流のやり方というわけだ。

ダラダラ息抜きを防ぐ方法

「勉強の息抜きのつもりでマンガを読んだところ、ついハマってしまい、気づいたら徹夜で全巻読破してしまった」といった類の失敗談は、誰しもあるはずだ。

息抜きで難しいのは、その切り上げ時。勉強疲れの度合いに合わせて上手に息抜きをしていた木村さんは、この難題に対してどのように対処していたのだろうか。

「やはり最初にきちんと時間を決めておくことですね。そして、その間は息抜きに没頭し、〝ここまで楽しんだんだから、あとは勉強しなきゃならないな〟という気持ちが起きるようにしました」

という木村さんだが、それでも毎度毎度、そんな理想通りにいくものではない。

「どうしても勉強に戻りたくなくて、ついダラダラと息抜きを長引かせたくなってしまったら、その数時間後のパニック状態を想像してみたりした（笑）。ダラダラと息抜き時間を延ばしてしまい、結果、睡眠を削ってまで勉強しなければならなくなる切羽詰まった状況と、今未練があってもスパッと切り上げることで、予定通りに勉強をこなし、気持ちよく寝られる状況とを天秤にかけるわけです」。

そもそも、ストレスを解消するための気分転換によって、よりストレスの大きい〝切羽詰まった〟状況になるのは、どう考えても本末転倒。この事実に目を向け、自分自身に理性的な判断を促していたそうだ。

なるほど、この考え方は実に冷静で説得力にあふれたものである。

スランプから脱却するために

「理想の自分」をイメージする

斉藤あゆみ（仮名）・農学部4年

長い期間勉強を続けていると、どうしたってスランプに陥ってしまうときがある。ほんの数カ月前は「この目標を達成しよう！」と、やる気マンマンだったのに、気づいたら「もう、勉強なんかしたくない」と、何もかもを放り出したくなっていた……。そんなとき、どうすれば再びやる気を取り戻すことができるのだろうか。

斉藤あゆみ（仮名）さんの場合は、次のようなやり方で気持ちを盛り上げていたという。

「私が目標としていた東大に合格した人たちの書いたものを読み、〝自分もこうなりたいな〟と、**具体的にイメージするようにしました。**そもそもやる気がなくなるというのは、目標を見失っているということ。何で勉強しているのかわからなくなってしまい、やる気が消えてしまったということですよね。それなら、その目標を自分の中でもう一度はっきりさせれば、やる気も戻るはずです」。

実際に、彼女はこの方法で幾多のスランプを乗り越えてきたという。また、東大に直接足を運び、「素敵な建物だな。ここで研究できたら、うれしいだろうな」と思うことで、やる気を喚起していたそう。いうなれば、目標を見事達成したあとの理想の自分をイメージし、「よし、がんばろう！」と気持ちを新たにしていったというわけだ。

過去の苦労を目で再確認する

また、斉藤さんは見事目標を達成した自分を想像するほかに、今まで自分が苦労してきた軌跡を振り返ることで、これからのやる気につなげていたようだ。

「使い込んだ単語帳や、ボロボロになったノートの書き込みなどを見て、〝こんなにがんばってきたんだから、あともう少し！〟と、励みにしていましたね。今まで歩んできた道を振り返ってみて、ここであきらめたら今までの苦労が報われないな、と」。

いうまでもなく、このやり方でやる気が戻ってくるのは、今まで地道に勉強を重ねてきた者だけ。そして、もちろん彼女にはその資格が十分あったということだろう。

不純なモチベーションの力を利用する

強い希望を胸に描いた者が勝つ！

加藤千夏（仮名）・教養学部3年

「何をモチベーションにして、勉強をするのか」――この前提をしっかりおさえておくことは、特に長期間にわたって勉強をやり続けなければならない場合、ポイントになってくる。前提が強く揺るぎないものなら、ちょっとやそっとのスランプに陥っても、すぐに持ち直すことができるはずだ。

しかし、この大前提が誰に聞かれても恥ずかしくないような、立派な考えである必要はまったくない。

「勉強をがんばったのは、東大ブランドが欲しかったから。東大に行ったら、いい結婚相手にめぐり合えると思ったんです」

と、こともなげに語る加藤千夏（仮名）さんのケースが好例だ。〝不純〟ともいえるような動機かもしれないが、この思いだけで地道に勉強をし続け、見事目標を達成したのだから、これは大成功と言わざるを得ない。その動機がどうとかは、この際関係ない。たとえどんなに不純なことであれ、勉強する動機を明確に打ち出せるというのは、大きな強みになる。加藤さんの例は、そんなことを教えてくれているようである。

ほどよいプレッシャーは勉強の大きな励みになる

では、現役の東大生である加藤さんは現在、何をモチベーションに勉強を続けているのだろう。そんな質問に対し、次のような答えが返ってきた。

「今は、女なので留年したら婚期を逃しかねない。これは、マズイことになる。留年しないように、ちゃんと授業についていって勉強しなければならないな、と(笑)」

ある意味、最も彼女らしい考えと言える。そして、

「勉強をやらなかったときに起こり得る最悪の状況を頭に描くと、机に向かう気になります。勉強しなければこうなっちゃう。それはマズイな、と悪いイメージをふくらませるんです。これが、勉強を続ける上でのほどよいプレッシャーになってますね」。

つまり、適度なプレッシャーは、よい励みになるというわけである。

勉強を「楽しんでやるもの」に変える方法

毎日長時間机に向かうのもまったく苦にならない！

上原沙織（仮名）・文学部3年

「机に向かって勉強するのは、実は自分にとってはそんなに苦じゃなかったんです。だから、長い受験期間でも大きなスランプに陥ることなく勉強を続けられたのかな」

イヤイヤながら勉強をしている多くの学生たちからすると、信じられない言葉を語るのが上原沙織（仮名）さんだ。彼女にとって勉強は、深くやればやるほど面白くなっていくものなのだという。

「例えば、歴史ひとつとっても、○○という革命が××で起きて皇帝がほろんだ、という事実だけでは、確かにまったく面白くない。これを資料で調べて、裏ではこんな陰謀が張りめぐらされていて、片や他国の思惑はこう、一方彼の家臣はこんな動きをとっていた……と周辺の知識を深めるんです。すると、一つの物語ができあがって、俄然《がぜん》面白くなってくるでしょう」。

もっとも、それには、勉強の内容にある程度の興味を持つことが必要だ。

「その興味を糸口に、より深く掘り下げていくことで、勉強の面白さを感じるようになりました。先ほどの歴史の例でいうなら〝この皇帝がほろんだ真相はどういったことなんだろう〟という点に興味を持ち、調べていったわけです。結果、歴史を勉強するのが何だか面白くなってきて、さらに勉強するようになる。すると知識が増えて尚一層面白くなり、より勉強するようになる……と、良いサイクルにうまく乗れたな、と思っています。やはりどんな勉強であれ、**自分の興味が持てるところをいかに探し出せるかがポイントになってくる**のかもしれませんね」

と上原さんはいう。

イヤイヤながらの勉強というのは、そう長続きするものではない。それなら、少しでも興味の持てるところを探し出し、まずはそこから知識を広げていく。知識がつき、わかるようになれば勉強は面白くなり、机に向かうのが苦にならなくなる。

つまり、勉強がイヤで続けるのが苦痛に思うなら、自分で勉強を楽しいものに変えていけばいい……これが、上原さんなりの「勉強を続ける技術」というわけだ。

新鮮なやる気が湧いてくる

各教科ごとにまったく異なるノートを使う

小坂田拓哉・教養学部1年

どんなノートが使いやすいかは、人によってさまざま。また、好みというのは一貫していて、ひとりの人が選ぶノートというのは、どの教科を見ても同じようなタイプだったりするものだ。しかし、小坂田拓哉さんは、どうやらそうではないらしい。

「罫線の太さや表紙の色、メーカーまで、各教科でがらりと見栄えが異なるノートを用意しています。その方が、わかりやすいでしょう。緑色で行が太めのノートは○○の教科、赤で厚めのリング付きノートは××の教科、といった具合に。そうすると、ノートを机に出すだけで〝○○の教科を頑張ろう！〟と、気分が一新する。**そのノートを用意するだけで、例えば〝化学気分〟が盛り上がる**、といった感じかな」。

各教科ごとにまったく違った趣のノートをそろえることで、ノートを前にしたときに新鮮なやる気を湧かせる、というのが彼の狙いということだ。

追い込まれたときに出るバカ力を期待

眠いときは勉強を中断してベッドへ直行する

西村秀美（仮名）・工学部３年

先生の講義を聞いているとき、参考書を読んでいるとき、あるいは用語を暗記するとき。それまでは全然眠気など感じなかったのに、そんなときだけなぜかウトウトしてしまうという人は少なくない。勉強は睡魔との闘い。正に、このひと言に尽きる。

しかし、**睡魔とは闘わない、と宣言する**のが西村秀美（仮名）さんだ。

「半分寝ながら勉強しても、効率が悪いだけ。それなら、思い切って寝ちゃった方がスッキリしていい。もちろん〝30分だけ〟と決めていても、起きられないことはあります。でも、予定以上に寝過ぎると、起きたときに〝わっ、マズイ！〟と追い込まれた気になり、かえって集中できる。火事場のバカ力で、いつもの何倍もの集中力が出てきますね」。

寝てしまった分のロスタイムは、「火事場のバカ力」で取り戻すのが、彼女の上手な時間術というわけである。

スパッと気持ちが切り換わる

時間の決まった映画のDVDで息抜きをする

沢島勝則（仮名）・文科1類1年

勉強の合間の息抜きは楽しい分、落とし穴も大きい。勉強に戻りたくなくて息抜き時間をついダラダラと延長してしまい、あとで激しく後悔するという図は、誰でも一度は経験したことがあるはずだ。

息抜き時間をつい延長してしまうのは、言ってしまえば「気持ちの切り換え」が上手にできないため。では、どうすれば楽しい息抜きタイムに未練を残すことなく、スパッと勉強へと気持ちを切り換えることができるのか。

この切実な悩みに対する一つのヒントになりそうな例を、紹介してみよう。

「勉強の息抜きとして、映画のＤＶＤをよく観ていました」

と語る沢島勝則（仮名）さん。彼が映画観賞を息抜きの手段に選んだ理由は、「時間が決まっていて、後に引きずらないから」という。

「時間が決まっているものを気分転換の手段に選べば、勉強へと気持ちの切り換えがしやすい。映画のほかにも、体操とかおやつ、風呂なんかも、ダラダラと長時間続けること自体できない。そういった、切り上げるタイミングが明らかなものを息抜きにすると、スパッと勉強に戻れますよ。インターネットやテレビ、ゲームなどは、ついダラダラとやり続けることが可能でしょう。これを息抜きにしようというのは、間違いです」

とのこと。また、息抜きのコツとして、彼が取っていたこんなやり方も、大いに役立ちそうだ。

「息抜きを〝短い息抜き〟と〝長い息抜き〟とに分けて、勉強時間の合間にバランスよく入れるようにしていた。例えば、短い息抜きにはおやつ、風呂。長い息抜きは、映画観賞、体操といったところですね。同じ科目をやっている最中の息抜きは短いものを、一つの科目が終わったら長い息抜きをはさむようにする。そして、勉強に戻る際には、教科書とノートを机に並べ直し〝よしっ！〟と声に出して気合いを入れていました。この一連の流れで、気分が一新しましたよ」。

勉強がイヤになっても机に向かえ

楽な勉強をするとやる気を取り戻せる

若杉由佳(仮名)・農学部4年

なぜか勉強に身が入らない。どうしても気分が乗らない。そんなときが、誰にでも少なからずあるはずだ。「でも、ここで勉強をやめてしまったら、明日も同じことを繰り返しそうだし、かといって気分が乗らないのに机に向かうのも……」と、大いに悩むところだが、そうなったら若杉由佳（仮名）さんのやり方を試してみるといいだろう。

「やる気がないときでも、とにかく机に向かう。そして、**頭を使わない楽な勉強をすればいいんです**。単語テープを流しているのを聞いているだけとか、参考書のコラムなどの面白い部分だけを拾い読みするとか」。

その上で〝イヤイヤながらも一応やってるじゃん。まだまだ勉強できるな〟と、気持ちを盛り上げていくようにするのだとか。つまり、形だけでも勉強をすることで自分に自信を持たせ、やる気を復活させるというわけである。

成功像を思い描いて発奮 VS. 失敗像を思い描いて発奮

長い期間勉強をしていく上で、どのようにしてやる気を持続させていくべきか。これについては、「合格後の明るい未来を思い描いて頑張った」派と、「不合格になった自分を想像し、そのアセリを糧に頑張った」派とに大きく分かれた。

前者のタイプは全般にポジティブな思考が目立ち、「実際に東大に足を運び〝来年はここで研究か〟とワクワクしながら勉強に戻った」「東大に行ったらあれもしよう、これもしよう、と楽しいことを想像していた」といった具合。また、「今まで頑張ってきた過去を振り返り、ここまでやったから絶対に合格できるぞ、と気合いを入れた」という考え方も前者のタイプに入ると言えるだろう。

後者のタイプは「ここまで周囲に吹聴したから、合格しなかったらマズイ」「合格できなかったら、どこにも行くところがないぞ」など、自分を追い詰めることで、土壇場の底力を発揮させていたようだ。

また、状況に応じて〝明るい未来〟と〝暗い未来〟を使い分ける混合タイプもいるようだ。「成績が上がっているときは〝明るい未来〟を想像して、一気に調子を上げた。反対に、勉強の気分が乗らないときは〝暗い未来〟を考えて、自分に活を入れた」という。しかし、このタイプは、自分の調子や気分を巧みにコントロールできるといった、比較的冷静な人に多かった印象だ。

結論：お調子者タイプはやはり「成功像を思い描いて発奮」が、実力を発揮しそう。対して、ピンチに強いタイプは「失敗像を思い描いて発奮」で土壇場のパワーを見せつけてほしい。

ノートを芸術作品に仕上げると楽しくなる

勉強へのやる気を格段にアップ

山本愛（仮名）・工学部３年

授業中にノートを取るのは、なかなか大変なものだ。早口でまくしたてられる講義に、付いていくのがやっとという人も多いのではないだろうか。それでも初めのうちこそ真面目にノートを取っていたが、だんだん億劫《おっくう》になってしまい、いつしかノートを放棄するようになってしまった。結果、授業中は先生の話をＢＧＭにウトウトする時間に……と、こんな例も多々見受けられる。

では、一体どのようにすれば、授業ノートに対してのモチベーションを保つことができるのだろうか。

「私の場合、まず、ノートはすべて自分の気に入ったものを使うことにしていました。可愛くて、色のきれいなもので、リングのついているタイプを選んでいましたね。お気に入りのノートなら、ちゃんと授業を聞いてきれいに使いたい、と自然に思える。せっかくの

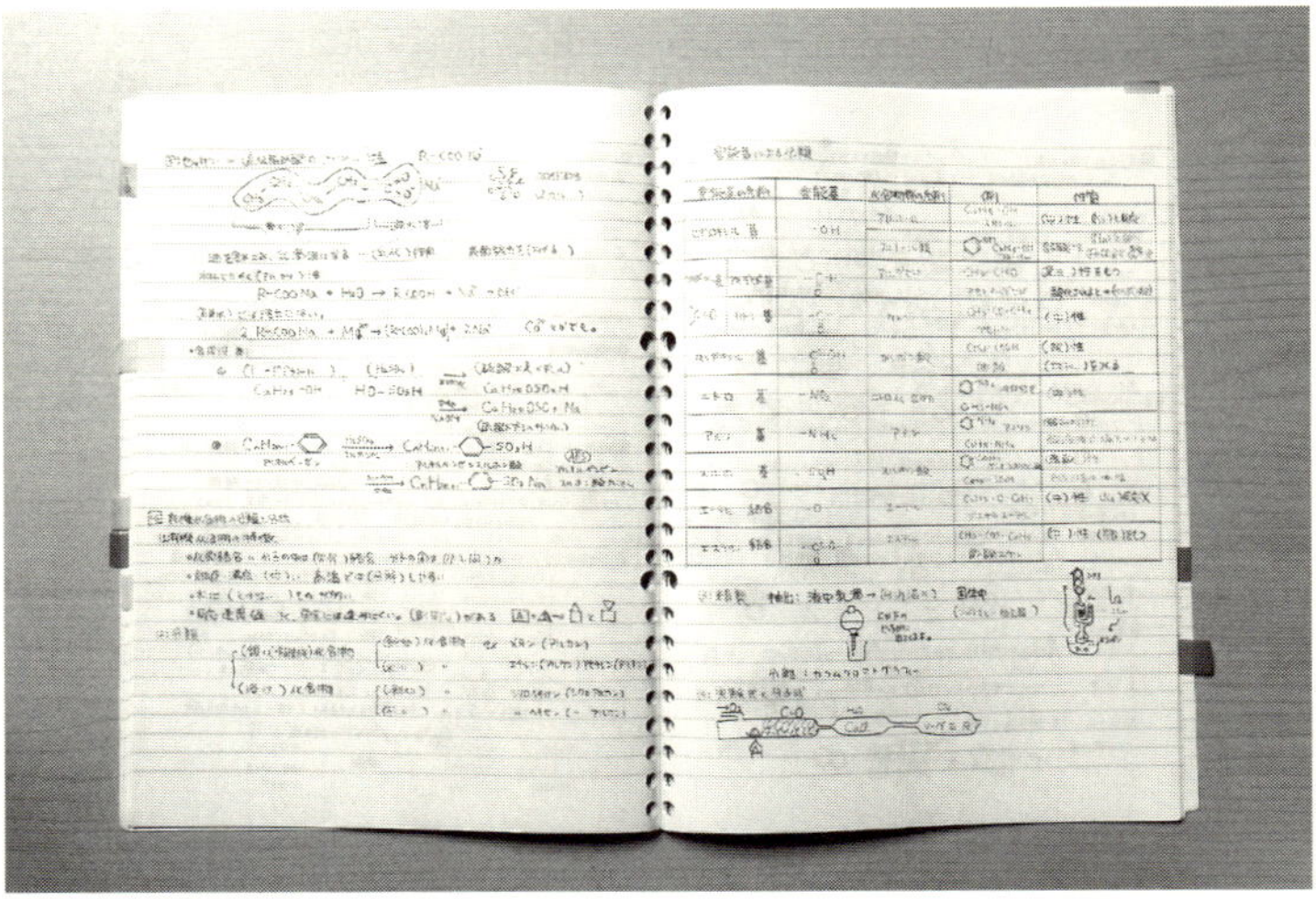

ノートをきれいにまとめると、次へのやる気も生まれる

お気に入りノートに、なぐり書きの字が並ぶなんてとんでもない（笑）。どうせなら、ノートをばっちり取って美しい芸術作品に仕上げよう、なんて気合いが入ります」

　と、語るのが山本愛（仮名）さん。実際、彼女はお気に入りのノートを美しい〝芸術作品〟にしようという思いから、常に気合いを入れた状態で講義に臨めたという。

「先生の話していることを、いかにシンプルかつきれいにノートに書き留められるかに燃えていましたね。もちろん、居眠りなんてしているヒマはないでしょう（笑）」

そんな彼女のノートは、授業内容をその場で聞きながら取ったとは思えないほど、きれいに整理されている。

「ノートがきれいに整理されていると、見るたびに満足感が込み上げてきます。また、これは私の好みなんですが、ノートに目一杯詰まっている感じが好きなので、一行が細いタイプのノートに小さめの字でぎっしりと詰めて書いていました。一学期分の講義がたった3ページのノートにおさまった、となると大満足。余白のバランスも、見た目に美しく仕上がったりすると、言うことなし。〝我ながら、よくここまできれいにノートを取れたな〟と、見ているだけでうれしくなっちゃいます。何度もノートを開きたくなるし、きれいに整理されたノートという存在が、勉強のやる気につながった部分は絶対にありますね」。

よい気分転換の絶対条件

ピアノを弾くと気力が戻ってくる

牧口有希（仮名）・工学部3年

勉強をしていて煮詰まったら、何をして気分転換をするかは人それぞれだ。牧口有希（仮名）さんは、小さい頃から趣味で続けていたピアノを、息抜きの手段に選んでいる。

「勉強に疲れたら、30分ぐらいかけてピアノを弾くことに没頭していました。大きな爽快感があって、私には最も向いていた。〃はー、気持ちよかった。よし、また勉強がんばるぞ！〃と、気力が戻ってくる感じがしましたね。**ピアノでの息抜きは、勉強へとすぐに気分を切り換えやすい、というのもよかったと思います**」

と、牧口さん。彼女のこの経験談の中に、実は「よい気分転換」の条件が隠されている。それは「20〜30分程度で終わらせられるもの」「大きな爽快感が得られるもの」「勉強へと気分を切り換えやすいもの」ということ。今、この本を読んでいる読者諸氏も、自分の趣味の中から、これらに該当する息抜きを早速探してみてはどうだろうか。

恋愛の情熱がやる気を引き出す

女性限定の勉強法？

滝明日香（仮名）・文学部４年

ある意味、これほど女性に向いた勉強法も、そうはないかもしれない。滝明日香（仮名）さんの勉強法を名付けるなら〝恋愛勉強法〟というのが、最もぴったりだろう。

彼女には受験期に、恋人がいたそうだ。しかし、受験勉強をする上で恋人の存在というのは、時に弊害になる。少なくとも、世間ではそう考えられているもので、もちろん彼女もそんなことは重々承知の上。逆に「恋愛にハマり、大学に落ちた」と周囲の人に思われないよう、真剣に勉強に取り組んでいたという。

「彼氏がいたせいで大学に入れなかった、と思われたくなかったのが、勉強の一番のモチベーションになっていた部分がありますね。それと、彼に頭の悪い奴と思われたくなかった、というのも大きい。当時の彼は頭のよいタイプだったんですが、そんな彼に〝アホな子〟と思われたくなくて、頑張ったところもあります」

というのが滝さんの言。彼女は、誰もが振り回されがちな〝恋愛〟の情熱を、勉強に励む方向に見事、転化させていたようだ。

それは、次のこんな言葉からもうかがえる。

「当時、勉強しながらよく想像していたのが、東大生になった私と頭のよい立派な彼氏で楽しむ図。周囲の人から〝理想のカップル〟と、うらやましがられて……なんて、思いっきり妄想してました（笑）。でも、そんな未来を夢見ることで、勉強に打ち込めたんだから結果的にはよかったわけですよね」。

女性限定の理由

そんな彼女の後日談だが、見事東大合格を果たしたあと、ある意味恩人とも言える彼氏とはどうなったかというと、何と即別れたのだという。恋愛を糧に見事合格を勝ち取ったら、その彼とはすっぱり縁切りとは、何ともたくましい女性だ。

しかし、実は多くの女性が恐らく、彼女と同様、恋愛感情をも上手に利用し、目標を達成することができるほどに強く、そして現実的なはずである。正に「女性は強し」といったところだ。

一方で注意したいのが、男性諸氏である。予備校などでは既に一般的な現象のようだが、女性より男性の方が恋愛感情に振り回される傾向があり、うっかり恋人ができようものなら、初志貫徹が困難になるケースが多い。「愛する彼女さえいれば」ということで、勉強がおざなりになってしまうというわけだ。

つまり、この勉強法は、女性には極めて有効だが、男性はマネしない方が無難と考えた方がいいだろう。

難しい読書も恋愛パワーで楽々!?

彼女の〝恋愛を糧にして自身が成長する〟才能は、現在もいかんなく発揮されている。彼女は今「好きな男性といろいろな話を楽しみたい」「彼と難しい話ができればカッコいい」ということで、難しい書物に果敢にチャレンジしているという。

恋愛することを勉強のモチベーションに変え、成長する滝さんの姿勢には、見習うべき点が多いはずだ。

絶対に目標を達成したいなら

周囲に宣言して、引っ込みをつかなくする

木山涼子（仮名）・教養学部3年

「言い出した手前、引っ込みがつかなくなった」という状況は、人生の至るところに転がっている。「引き受けるよ」とうっかり言ってしまったため、やっかいな役目を担うことになった。「オゴるよ」という言葉を口から漏らしてしまったため、予想外の散財をした。「実はいるんだ」と見栄を張ってしまったため、いもしない彼女の代役を探す羽目になった……。「言っちゃった以上、その通りにしなきゃ格好がつかない」というのは、多少なりともプライドを持つ人間特有の性《さが》といえるのかもしれない。

しかし、この「言い出した手前、引っ込みがつかなくなった」という感覚を逆手にとり、プラスの方向で活用することもできる。木山涼子（仮名）さんのケースがそれだ。

彼女はあるとき、ほんの軽い気持ちから親戚たちの前で「東大に行こうかな」と漏らしてしまったという。

「本当に軽い気持ちで発言したのですが、それ以降、親戚の人たちに会うたびに〝頑張れ！〟とか〝東大受験を頑張るんだから、おこづかいでもあげよう〟なんて言われるようになっちゃった。みんな、私の東大受験を全面的に応援してくれる態勢になってしまったので、〝これはいよいよ後には引けないぞ〟と背筋が伸びる思いがしました（苦笑）」

と、木山さん。親戚の人たちを前にうっかり口走ってしまったため、当時は「まあ、考えてもいいかな」ぐらいの気持ちだった東大受験が、にわかに現実味を帯びてしまったそうだ。

「〝あれだけみんなが応援してたのに〟〝自信満々で宣言したのに〟と思われたくなかったので、とにかく合格に向かって頑張るしかなかった。途中で進路変更し、逃げようかなと思ったことも確かにありましたよ。でも、みんなに反対されて、より励まされるだけなのがわかっていたので、できなかった。本当に失言でしたね（笑）。とはいえ、今にして思えば、周囲に宣言したことで頑張れた。良かったのかなー、と思っています」。

彼女の「失言」が結果的には大正解だったのは、誰の目から見ても明らかだろう。

周りに合わせるだけでいい？

勉強をすることが当たり前の環境にする

高橋友香（仮名）・教養学部3年

「私の出身高校では、東大を受験する子ばかりだった。だから、東大に行くのは自然な流れだったというのも、幸いしたのかもしれませんね」

という高橋友香（仮名）さん。彼女によると、周囲のみんなが東大を目指しているような学校だったので、東大を受験するのも自然なら、それに向かってみっちりと勉強をするのもいたって普通の感覚。そもそも、毎日きちんと勉強する習慣が、かなり早い時期から身に付いていたというのである。

「日々それなりの量の勉強をするのは、普通のことだった。なので、勉強はそんなに苦じゃなかったんですよ。いつものペースでこなしていけばいいのですから。**周りのみんなも、同じようにやっていたことですし**」。

周囲の環境というのも、勉強を続ける上でのキーポイントというわけである。

仮眠するより体を動かす方が効果的

眠気がおとずれたら15分のジョギング

清水弘喜（仮名）・理科1類1年

勉強中におとずれる眠気は、本当に悩ましいものだ。日々勉強を続ける上で、時に最大の敵となるこの〝眠気〟を、ジョギングすることで上手にコントロールしていたのが清水弘喜（仮名）さんだ。

「まずは、午前中に一気に勉強をしました。午後は確実に眠くなるので、昼食後に15分ぐらい近所をジョギング。**あまり速く走らずに、疲れない程度のゆっくりとしたスピードで走るのがコツですね。**その後シャワーを浴びたら、気分も一新し、眠気なんてすっかり消えています」

という。もともと彼は、昼食後に昼寝をしていたのだが、それで何度となく失敗した経験があるようだ。

「30分と時間を決めて昼寝するようにしていたのですが、いったん寝てしまうと30分で切り上げることがなかなかできなかった（苦笑）。〝このままもう少し眠りたい〟という誘惑に勝てずに、昼寝時間を延長してしまうことが多かったんです。で、これはマズイと。そこで眠気を吹き飛ばす目的でジョギングをしてみることにした。実際、やってみたらジョギングの方が、予定時間内に確実に切り上げられるし気分転換にもなりました。仮眠をとるよりも運動した方が、頭がスッキリするんですね」

と、清水さん。彼の考えでは「机に向かってじっとしていると、大きなストレスになり、頭の中が煮詰まってくる。それが眠気につながるのではないか」とのこと。そして、机の前に座っていたためにおとずれる眠気には、運動をするのが一番いいだろうと、そういうことのようだ。

「夜、勉強しているときも、どうしても眠くなったら、軽く走っていました。それから、〝集中力が欠けてきたな〟と思ったときも。勉強と運動を交互に行うと、眠気も吹き飛ぶし、集中力も増すような気がしますね」

と、清水さんは語った。

勉強への意欲を高める方法

マス目入りノートで字をキレイに書く練習をする

上岡雅道（仮名）・経済学部3年

現役の東大生の勉強法について、いろいろと紹介してきたが、このページでは少し趣向を変え、上岡雅道（仮名）さんが自分の教え子にしているアドバイスについて取り上げてみたい。

上岡さんは現在、家庭教師のアルバイトをしているが、教え子の小学生たちにまず初めにやらせていることがあるという。

「字が汚い子に、マス目の入ったノートを渡し、ひらがなや数字の書き取り練習をやらせています。僕の考える〝字が汚い〟というのは、所定の位置にきちんと字がおさまっていないこと。スペース内に字がおさまらず、あっちこっちに飛んだり、妙に曲がっていたりするのは、ストレートには読めないのだから、字ではありません。なので、マス目仕様のノートを使い、まずは正しくきれいな字を書けるようにします」。

彼の過去の経験によると、スペース内にきちんと字が書けるようになると、不思議と、皆一様に次のような変化が現れるという。

「僕は教え子たちに毎日日記を書かせるようにもしているのですが、字がきれいになるのと比例して、日記の記述が長文になっていくんです。と、同時に、ノートを自分からすすんで取るようになる。どうやら、字がきれいになると書くことが楽しくなり、合わせてノートを取る意欲、ひいては勉強する意欲が高まってくるようです。実際に教えていて、その変化は明らかなんですよ」。

確かに、自分の手から紡ぎ出される字がことごとく、ミミズの這ったような見苦しいさまだったら、書くこと自体苦痛になってくるだろう。裏を返せば、きれいな字が書けるのなら、書く行為は俄然楽しいものに変わるはずだ。

そして、ノートを取るのも、まとめるのも〝書く〟作業なら、問題を解くのも一つの〝書く〟作業だ。

つまり、書くことは、そのまま勉強とイコールといっても言い過ぎではない。で、あるならば、上岡さんの「まずは字をきれいに書く練習を」というのは、効果的に勉強する上での重要な初めの一歩と言えるのかもしれない。

ボーッと過ごす30分の休憩ではダメ

全力で15分遊ぶと、モチベーションが高まる

大場和彦（仮名）・経済学部3年

「遊ぶ時間を適度に持つのが、勉強のモチベーションを保つコツ」というのは、東大生の誰もがいう一つの真理だ。そして、大場和彦（仮名）さんの場合、短時間のオフタイムでも存分に遊ぶ主義という。

「30分ダラダラ過ごして休憩時間、とするよりは、たとえ15分でも存分に遊んだ方が絶対にいい。たかが15分でも、全力で派手に遊んだ方が、その後の心持ちが変わってきます。思い切って遊んだあとは〝これだけ遊んだんだから、やっぱり勉強しなきゃな〟と、自然に思えてくるはずですよ」

と語る大場さんはその言葉通り、受験期の1年間で100回以上はカラオケに行ったというから、半端ではない。しかし、この〝思いっきり遊ぶ〟時間があったおかげで、モチベーションが下がることなく勉強を続けてこられた、と大場さんは断言する。

ラジオを聴きながら勉強するのが効果的？

阪神ファンの性を利用して、自分を机に向かわせる

石塚雄太（仮名）・経済学部3年

勉強をしようと思い立っても、なかなか机に足が向かわないという人は意外と多そうだ。面白くない勉強をすると思うと、重い腰が上がらない。勉強の前に、まず〝机の前に座る〟という大きなハードルを越えなければならない……。そんなタイプの人には、石塚雄太（仮名）さんが自分で決めていたユニークなこのルールが、何らかのヒントになるのではないだろうか。

彼は、根っからの阪神ファン。そして、毎回楽しみにしている阪神戦を聞く際に、ある一つのルールを自分に課しているという。

「阪神戦のラジオを聞くときは、必ず机の前のイスに座って、と決めていました。そのため、阪神戦を聞きたいという一心で、イヤでもイスに座るようになりました。机の前に座ったら、勉強にこぎ着けるまでは、あとちょっとの気力をふり絞ればいい。**机の前に行く**

のが大変なんであって、このハードルを越えれば、勉強を始めるまでのハードルなんて低いものですよ」

と、石塚さん。さらに、

「このルールのおかげで、たとえ眠くなっても、簡単に机から離れることができなくなった（苦笑）。やはり、試合の行方が気になりますから。試合を聞きたいので、勉強を続けざるを得ないという状況ですね」

と言う。しかし、勉強そっちのけで、試合中継に聞き入ってしまうといった事態はなかったのだろうか。そんな疑問に対し、彼はこう返した。

「ラジオの場合は〝何もかも放り出して聞くことに熱中〟という事態には、なりにくい気がしますよ。実際、僕はそうでしたね。ただ、ごくたまに、試合展開が大いに盛り上がり、〝よっしゃー！〟と、思いっきりラジオに意識が行くことはあった。でも、たまにある、そんなマイナス面を差し引いても、ラジオを聞きながら勉強することで得られるメリットの方が大きいですね」。

とにかく、勉強を始めるには、まず我が身を机の前に座らせることが肝要。たとえどんな動機であれ、座った者の勝ち、というわけである。

勉強を続ける上でのキーパーソン

同じ勉強をしている友人を大切にする

大塚理恵(仮名)・農学部4年

「英語の試験結果が予想以上に悪く、そのショックから、一時英文がまるで読めなくなってしまったことがあります」

と、苦い経験を語るのが大塚理恵(仮名)さん。当時はこのつまずきが尾を引き、しばらくは勉強が手につかなくなってしまったという。そんな彼女が、一体どのようにして落ち込んだ状態から見事脱し、再び勉強を続けられるようになったのか。

「友人のおかげですね。競い合って一緒に勉強していた友人が、上手に活を入れてくれたんです。変に同情するでもなく、かといって突き放すでもなく、当時の私の気持ちにぴったりの絶妙な物言いでなぐさめてくれました」。

その友人がどのような言葉を彼女にかけたのかは、さほど重要なことではない。共に苦労してきた友人だからこそ、彼女が当時最も望んでいた言葉をかけることができたという、この事実こそがポイントである。

「気持ちが落ち込んだときは、自分の性格をよく理解してくれ、かつ同じ苦労をしている友人に励ましてもらうのがやはり一番ではないでしょうか。勉強の苦労や試験に失敗した辛さもわからない人に、的外れなぐさめをしてもらったって、かえって落ち込むだけ。同じ道を一緒に歩いてきた友人の言葉だからこそ冷静に聞けるし、ピントのあった励ましだからこそ〝そうだな。また頑張ろう〟と思えるんです」

と、大塚さんはいう。

同じ目標をもつ同志というのは、長く勉強を続ける上では必要不可欠な存在、というのが彼女の例を見ているとよくわかる。

もし、ある目標に向かって勉強をしてみようと思うのなら、まずはよき同志を見つけることから始めてみるといいかもしれない。この同志がきっと、いろいろな面で大きな支えになってくれるはずだ。

勉強のモチベーションを保つ方法

楽しい気持ちと義務感とのバランスをとる

松岡瞳（仮名）・工学部3年

「勉強はやらなければいけないもの、という意識は強く持っています。と同時に、私にとって勉強は、楽しいものでもある」

という松岡瞳（仮名）さん。子供の頃からパズルを解いたりするのが大好きだったという彼女は、わからないことがわかるようになったりするのが、単純に楽しいと話す。

「**勉強したことがわかるようになったり、完璧に暗記できたりすると、うれしい。**かといって、楽しいばかりのものでもないのが勉強です。〝楽しい〟というだけで、趣味的にやるわけにはいかない。テストや受験が前にひかえていますから」。

つまり、彼女の場合、根気よく勉強を続けてこられたのは、〝楽しい〟思いと、〝必ずやらなければいけない〟という一種の義務感との適度なバランス作用による部分が大きかったというわけである。

勉強がはかどる場所は意外なところにある

机の前で煮詰まったらマル秘スポットへ!?

大森美絵（仮名）・文学部４年

ファミリーレストランにおけるドリンクバーのシステムが一般的になってから、テーブル席で勉強をする人が急増したという。店側からすると、ドリンクバーの料金だけで何時間も居すわられるのだから、迷惑この上ない話。「大体、ここは騒がしいし、勉強するのには不向きだろう」と、説教の一つでもしたくなるところだろう。

しかし、迷惑している店長には悪いが、一見すると「とてもじゃないが勉強には向いていない」という環境の方が、意外と勉強がはかどったりもするものなのだ。

その典型的な好例といってもいいのが、大森美絵（仮名）さんのケースだ。彼女が勉強する場に選んでいたのは、何とトイレとお風呂。

どういうことなのか、詳しく話を聞いてみよう。

「煮詰まったら、トイレにこもって勉強していました。ちょっと汚い気もしますけど、一番落ち着くんですよ（笑）。洋式トイレの便座にフタをして、そこを机代わりに30分ほど。外界をシャットアウトでき、完全に一人になれるのが良かった。あの狭さも妙に落ち着いて、結構はかどりましたよ。特に暗記ものに向いていましたね」

と、大森さん。自室の机で煮詰まってきたら、気分転換も兼ねて勉強場所をトイレに移したというわけだ。

一方のお風呂は、次のように利用していたようだ。

「半身浴をしながら、参考書などを読んでいました。倫理の教科をやることが、一番多かったですね。倫理はセンター試験だけの教科なので、わざわざ時間を取りたくなかったんです。なので、お風呂の時間についでにすませてしまおう、と。でも、半身浴中の勉強は、思っていたよりもずっと楽しくできたので、おすすめですね」。

環境が少しでも変わると、何となく新鮮な気分になり、新たな気持ちで勉強に打ち込めるようになった点も良かった、というのが彼女の実感だという。

もし、現在ファミレスで店員の迷惑げな視線を逃れて勉強している向きがいたら、まずは家の中で、自分が勉強できそうな場所を探してみるといい。思わぬ場所が、勉強のはかどるスポットだった、となるかもしれない。

勉強に熱中できる好機を逃さない

調子がいいときは、食事は後回しにする

竹下徹（仮名）・理学部２年

勉強をしているとごくたまに、いつもとは違った集中力が湧いて出るときはないだろうか。気づいたら周囲のことなどすべて吹き飛び、異様な集中力で問題を解いていた、なんて経験を、誰でも一度はしたことがあるはずだ。

そんな好機がおとずれたら決して逃すな、というのが竹下徹（仮名）さんの主張だ。

「もともと僕の場合、勉強のエンジンがかかるまでに、ある程度の時間が必要なタイプなんです。なので、やっとやる気になったら、その気分を絶対に逃したくなかった。**特に、集中力抜群でいつもの何倍も勉強に打ち込めている、なんてときは、もう何を置いても勉強を続けるのが優先です。**時には３時間に及ぶこともあるけれど、親の〝ご飯よ〟の声も、携帯電話の着信もすべて無視。この機会をフルに活用しなければ、もったいない（笑）」

とのことだ。確かに、抜群の集中力でもって、わき目も振らず勉強に打ち込めるコンディションになるというのは、そう毎日おとずれるものではない。この好機を余さず活用すべきなのは、当然のことだろう。

資料をダラダラ眺めてウォーミングアップ

勉強に本腰が入るまでに、かなり時間がかかるという竹下さんだが、では、実際に勉強に取りかかるまで、どのような〝ウォーミングアップ〟をしているのか、少し話を聞いてみた。それは次の通りだ。

「なかなか勉強に取りかかれず、ついボーッとしてしまうのがわかっているので、机に向かったら、まずは始めようとしている教科に関連した資料類を出します。そして、それをダラダラと眺める。**ペンも何も持たず、暗記しようというのでもなく、ただ見るだけです。**この〝勉強しているような、していないような〟という中途半端な状態で足ならしをし、徐々に勉強する方向へ気持ちを持っていく。脳味噌のウォーミングアップといった感じですね」。

無理をしすぎるのも逆効果

勉強が苦痛なときは、初めの目標を見直してみるべき

堀本若菜（仮名）・文学部4年

輝かしい目標に向かい、勉強を続けてみたけれど、どうしても苦痛でしょうがない。あるいは、思っているような成果がまったく表れない。そんなときには、今一度目標を根本から見直してみてもいいかもしれない。

目標を見直し、軌道修正したことが良い結果につながったという堀本若菜（仮名）さんの例を、最後に紹介しよう。「医者になりたかった」という彼女は、現役時代は理系を選び、勉強に励んでいたという。

「医学部目指して、理系の教科を徹底的に勉強したのですが、とにかく数学や物理がイヤでたまらなかった。でも、医者になるならこの試練を乗り越えなくては、と無理して勉強していたんですが、大学受験の結果は不合格。そのときに、**自分の目標を根本的に見直してみたんです。**私は何をやりたかったんだろう、と。もともと医者を志したのは、社会に

貢献するような仕事を、との考えからだったんですが、よく考えてみたら、それは何も医者じゃなくてもできる。それなのに、医者という仕事を妙に理想化して〝医者にならなきゃ、社会貢献できない〟と、勝手に決めつけていたんですね」

と、堀本さん。そして、改めて目標を見直したことで気づいたのが、理系の教科をこれから勉強し続けることも、医者という仕事自体も、実は自分には向いていない、という事実。

「それで、進路をガラッと変えて文系を目指してみました。結果は大成功。文系の教科の勉強はやっていて楽しかったし、成績も順調に上がっていった。現在、文学部に在籍していますが、心底〝あー、こっちの進路にしてよかった〟と思っていますよ」。

目標を変えるというと一般に、あまり良い話には受け取られないものだ。しかし、堀本さんのように、初期の目標設定が間違っていて、軌道修正することが正解となるケースもある。

「初志貫徹」ということに固執せず、自分の足元を見直してみるのも、実は大事なことなのかもしれない。何といっても、人には向き不向きがあるのだから。

こんな「勉強法」も効果アリ！【続ける技術編】

☆1週間に1日、絶対に勉強しない日を設ける　（1年・女性）

その週を予定通りに勉強し終えたら、絶対に勉強しない休息日というのを1日つくる。こうすることで、その日を楽しみに勉強する気になる。休息日が終わったら「また明日から頑張らなければ」と、気分も新たになり、やる気が持続する。

☆1教科につき1時間、多彩な教科を毎日手がけよ　（3年・男性）

一日に同じ教科を4時間続けて勉強するのではなく、4つの教科を1時間ずつ毎日こなした方が、気分も変わって効率よく進む。

☆ブラブラ散歩と肉まんの楽しみが勉強持続のカギ　（3年・男性）

息抜きには、体を動かすのが一番。1時間と時間を決め、ふらりと住宅街を散歩したり、ちょっと遠くのコンビニまでわざわざ行って肉まんを食べてみたり、家から出て歩くことで気分転換をしていた。また、長時間勉強をしていると、「コンビニで肉まんを食べる」というような、ささいなことでも、大きな楽しみになったりするもの。そんな小さなご褒美も入れながら、上手に気分転換をすることが何より大事。

☆実際に「モチベーションが上がってきたぞ」と口に出す　（2年・男性）

モチベーションというのは、放っておいたら上がるというものではない。自分で上げる努力が必要。一番いいのは「よし！　モチベーションが上がってきたぞ」と、実際に口に出すこと。ウソでもいいので、そう言いながら自分に活を入れるようにすると、不思議とそんな気になってくるもの。自分に一種の暗示をかけるというわけだ。

☆達成すべき目標は、数字にこだわれ　（2年・女性）

学内や全国での試験の順位、偏差値、判定の数値など、数字になって表れるものを目標にする。目標は数値のようにはっきりと出るものの方が、達成具合もわかりやすい。

【編著者略歴】
東大家庭教師友の会（とうだいかていきょうしともものかい）
1992年、東京大学の学生有志によってスタート。現在、現役東大生8000人が登録し、家庭教師の派遣事業を展開。そのほか塾や学校への講師紹介、各種学習系コンテンツ作成など、精力的な活動を続ける。
東大家庭教師友の会名義の書籍として、『東大生の知恵袋』（編集、宝島社刊）、『東大家庭教師が教える　かんたん!!数学検定3級セミナー』（著、技術評論社刊）がある。

装　　丁　デジカルデザイン室（萩原弦一郎）
本文写真　村上めぐみ

東大生が選んだ勉強法
「私だけのやり方」を教えます

2008年 8 月22日　第 1 版第 1 刷発行
2008年12月10日　第 1 版第 7 刷発行

編 著 者　東大家庭教師友の会
発 行 者　江口克彦
発 行 所　PHP研究所
東京本部　〒102-8331　千代田区三番町 3 番地10
ビジネス出版部　☎03-3239-6257（編集）
普及一部　☎03-3239-6233（販売）
京都本部　〒601-8411　京都市南区西九条北ノ内町11
PHP INTERFACE　http://www.php.co.jp/
組　　版　朝日メディアインターナショナル株式会社
印 刷 所　株式会社精興社
製 本 所　株式会社大進堂

ISBN978-4-569-69916-5

PHPの本

早く家に帰るための「仕事のルール」

絶対に残業しない仕事術

松本幸夫　著

残業、残業の嵐のなか、ちょっと実践してみてください。こんな小さなことで、仕事のスピードが劇的にアップ。夢をかなえる最速仕事術。

定価一、二六〇円
（本体一、二〇〇円）
税五％